운계 박재의 『동사일기』 연구

통신사연구총서 2

운계 박재의 『동사일기』 연구

허경진 외

보고사
BOGOSA

東槎日記

歲萬曆四十四年某月日

朝廷以日本關伯蕩滅雙賊思修舊好使對馬島持書契以通

廟堂特　禀差遣回答使兼刷還被虜人口事丁巳正月二十七

七日差上使及從事官累月遷延未差副使同年三月十三

始為差出榑自丙辰七月退居忠原之墓下四月十八日始聞

除拜之命同月二十一日乘船二十五日入城翌日　肅拜自

上命賜節鉞又令退定行期初擇於五月初一日退於十行日以

拜

表又退於同月二十八日是日肅

朝回答魚刷還上使僉知知製教僉兵曹參議琴　先謝恩

규장각 소장본 동사일기

二月

二十九日壬戌晴辰初臣等一行自釜山戴鐾浦諳船倭拾二名分
諸船操舟候風繞及水宗西風大作巨浪掀天檣颠倒諸船之在先
後者省諳帆有回泊之意倭子操舟首亦遑々因知一所為来言于譯官
朴大根曰初不料風勢之至此遠角開洋及今風浪甚惡欲直向馬島則
風逆如是欲還迫釜山則海路已遠勢極狼狽何以則可臣等問我國
水師等曰彼諳帆之船欲何為教水師曰事無可為必欲試為回棹以祿
一命生道耳臣等曰即今回船將泊於何地耶水師等曰似泊於乎海
蔚珎之間矣臣等答曰風浪雖如此到此沒奈何惟當急々施措入劳以
到泊馬島為期而乃敢妄言驚忝枝水師呂跟驚慶即促格手
執櫓而不許落帆諸船亦見臣等所乗船猶張帆促櫓亦急上帆◌◌
死乃幸高無事船遄過小宗距六十許里臣等所騎船底板破折火
水氣至渝死賴迎逢倭十三叶餘俱辣敦得問◌引到泊於馬島禮

운계 후손가에 전해오던 정미년회답사일기

備邊司 啓曰 備忘記橋倭發怒入去云 備邊司何如旦緩慶
置子回咨使亦何至今不爲差出乎書契答書付與回籠倭速令
傳授橋倭事令備邊司當日内送長議慶事　　傳敎矣當此國
家艱虞之日自朝廷籌遣之列奏職無狀致勤　　照啓無任
頉越之至但遣使一事所關那細必須齋會熟講然後可無未盡
之事兩橋倭出來之初遣因朝家多事本司堂上未能齋會累次啓
稟批下後遂　　詔定集束之際自至遲延兩回答使差出事則已令
諭書舉行矣大縣橋倭以信使之行不行決一島存三敗因其重
内不能無感猶恐信使之或未准許也地悉需邊官以爲催督之地
其所以發此怨謗欲去也今見此諜狀啓二十八日間當
設宴接尉云黃波一草更不以橋倭所洋遣海馳倭昭橋倭之不去
似無謗也設使云濟必還來保無他虞且日本書契回答文書則
自當依舊例付送回咨之行矣貞光書契回答則似聞諜事停運
於接尉官之行云而應傳授矣敢啓

운계 박재 묘소(충주시 동량면)

박재 선생 묘소 표지석(충주시 동량면) ▲

◀ 박재 선생 묘소 비문(충주시 동량면)

아지리(阿枝里) 재실(현 경기도 광주시 장지동)

박재가 사행중에 성묘한 아지리(阿枝里) 진언(眞言) 문간(文幹) 선조 묘소(현 경기도 광주시 장지동)

박재가 사행중에 성묘한 아지리(阿枝里) 인효(仁孝) 선조 묘소(경기도 광주시 장지동)

충주 박씨 집성촌이 있는 남한강 샘개(泉浦)나루(충주시 앙성면)

지곡(枝谷) 선조 재실(현 안동시 풍산읍)

박재가 사행중에 성묘한 지곡(枝谷) 조부 묘소(안동시 풍산읍)

　운계(雲溪) 박재(朴榟, 1564~1622)의 통신사 사행록『동사일기』는 여러 면에서 중요한 연구 자료이다. 후기의 통신사처럼 단순하게 장군의 즉위를 축하하러 가는 사신이 아니라 회답사겸쇄환사라는 이름 그대로 당시 관백(關白)이던 도쿠가와 히데타다(德川秀忠)가 조선에 수교를 맺자고 요청했기에 회답을 가지고 간 사신이었으며, 귀국길에는 포로로 잡혀갔던 조선 백성 321명을 데려오는 기록이 자세하게 실려 있다.

　박재는 이 무렵 광해군의 측근 신하 가운데 한 사람이었다. 문과에 급제한 이후 사간원 정언, 사헌부 장령, 홍문관 부응교, 전한 등의 청요직을 두루 거쳤으며, 형 박건은 대사헌을 거쳐 형조판서를 지냈다.

　1617년 통신사행은 정사 오윤겸과 종사관 이경직도 사행록을 기록하여 삼사(三使)가 모두 사행록을 남긴 해인데, 박재가 기록한『동사일기』에만 이들과 주고받은 시문이 상당수 실려 있다. 박재의 문집이 남아 있지 않은 상황에서『동사일기』는 박재의 시와 문장 능력을 확인하게 할 뿐만 아니라, 임란 이후 2차 통신사행에서 삼사가 어떻게 창화(唱和)를 즐겼는지 확인하게 해주는 기록이기도 하다.

　1617년 통신사행은 정사와 종사관만 일찍 정해졌다가, 부사는 두 달 뒤에야 정해졌다. 4월 18일에 부사로 제수되었다는 소식을 듣자마

자, 그는 두 가지 일을 준비했다. 하나는 1차 통신사의 일기를 지침서로 삼기 위해 빌려다가 필사했으며, 다른 하나는 친지들로부터 별장(別章)을 많이 받기 위해 애썼다. 현재 규장각에 남아 있는『송박재봉사일본서첩(送朴榟奉使日本序帖)』이 그 결과물인데, 통신사로 다녀온 사신이 받은 별장첩 가운데 가장 큰 규모이다.

박재의 통신사행 400주년을 맞아 2017년 열상고전연구회에서 기념학술대회를 개최하였는데, 당시에 발표된 논문 4편에 이상규 박사의 논문과 박병천, 박성갑 선생이 충주 통신사 학술대회에서 발표한 원고도 함께 편집하여『운계 박재의 동사일기 연구』를 통신사연구총서 제2권으로 간행한다. 이제 본궤도에 오른 통신사 연구에 도움이 될 뿐만 아니라, 고령 박씨 문중의 후손들에게도 훌륭한 선조의 활동을 널리 알리는 계기가 되기를 기대한다.

2019년 3월
열상고전연구회 회장 허경진

차례

1617년, 통신부사 박재는
왜 일본에 갔나

1. 오늘, 조선통신사에 주목하는 이유

관계는 일방적인 것이 아니라 쌍방이 함께 만들어 가는 것이다.

그래서 국제관계는 항상 쌍방의 노력에 의해서 만들어지는 것이고, 가장 이상적인 관계는 50대 50이지만, 국익을 생각한다면 51대 49라고 생각하고 시작해야 한다. 그러나 사람들은 일본과의 관계는 100대 0으로 해야 한다고 생각한다. 그건 관계가 아니라 전쟁이다. 극단적으로 말하면 전쟁을 할 것인가, 아니면 관계를 할 것인가. 500년 전 그것을 고민했던 사람들이 조선통신사였다.

관계를 위해 가장 필요한 것이 무엇일까? 그것은 상대가 나와 다르다는 것을 인정하는 것이고, 함께 공존하고 공생해야 한다는 믿음을 전제로 해야 한다. 그래서 조선의 신유한은 통신(通信)을, 일본의 아메노모리 호슈(雨森芳洲)는 성신(誠信)을 강조했다. 조선통신사는 왜구에 의한 일방적인 약탈을 교역을 통한 공존(共存)의 관계로, 임진왜란이라는 일방적인 침략과 전쟁을 평화(平和)라는 공생(共生)관계로 만들어 갔다. 그러나 공존과 공생의 비전을 가지려면 기본적으로 역사인식의 '공유(共有)'가 전제되어야 함은 물론이다.

조선시대 5백 년간의 한일관계를 돌아보면서 느끼는 바가 적지 않다. 무엇보다 '우호와 적대는 별개가 아닌 한 몸'이라는 사실이다. 그렇기 때문에 아무리 적대적인 상대라도 관계를 끊어서는 안 된다. 오히려 상대가 그런 나라로 느껴질수록 적극적, 능동적으로 관계해야 한다.

조선에서는 일본에 대해 적대를 적대로 되갚지 않고 조선이 주도하는 교린(交隣) 정책으로 약탈을 공존으로 바꾸고, 전쟁을 평화로 바꾸었다. 교린정책의 주역이 조선통신사였다.

지난해 4월, 한일 양국에서는 민간단체가 중심이 되어, 조선통신사 기록물 333점을 'UNESCO 세계기록유산' 등재를 신청했고, 올 11월 말에 등재가 결정되었다. 조선통신사의 기록물은 외교기록·여정기록·문화교류의 기록으로 구성되었다. 조선통신사의 왕래로 두 나라의 국민은 증오와 오해를 풀고 상호이해를 넓혀, 외교뿐만 아니라 학술, 예술, 산업, 문화 등 다양한 분야에서 활발한 교류의 성과를 만들어 냈다. 따라서 조선통신사 기록물은 양국의 역사적 경험으로 증명된 평화적·지적 유산으로, 항구적인 평화공존관계와 이문화(異文化) 존중을 지향해야 할 인류공통의 과제를 해결하는데 위대한 가치를 지닌다.

박재의 『동사록』도 이번에 '조선통신사 UNESCO 세계기록문화유산' 여정의 기록에 등재되었으며, 우리가 박재에게 주목하는 이유도 여기에 있다.

2. 약탈의 시대에서 공존의 시대로

1) 동아시아 해역의 약탈자, 왜구

한반도에 대한 왜구의 약탈은 1350년부터 시작되며, 이후 고려 말까지 해안 지방은 물론 내륙 깊숙이 약탈이 자행된다. 도쿄대학교에 소장된 『왜구도권(倭寇圖圈)』에는 왜구 약탈의 모습이 상세하다. 왜구는 한반도에 출몰하여 곡창지대의 조창을 습격했고, 문화재를 약탈해 갔다. 현재 한·일간에 외교문제가 되고 있는 대마도 관음사의 불상도 왜구에 의해 약탈된 것임에 틀림없다. 왜구가 극심했던 1382년 『고려사』 기록에는 "서너 살짜리의 여자아이의 배를 갈라 내장을 꺼내고 쌀을 넣고 고사를 지낸 뒤 그 쌀로 밥을 해 먹었다."는 기록이 있다.

고려에서는 왜구의 약탈에 어떻게 대응했을까. 우선 외교적인 방법을 써서 7차례나 사신을 파견했다. 그러나 당시 일본은 남북조시대의 혼란기여서 그다지 효과를 볼 수 없었다. 결국 고려는 군사적 방법을 택했고, 그 과정에서 최영과 이성계 등의 무인세력이 성장하여 조선 건국의 주역이 된다. 그런데, 현재 한·일간에 문제가 되고 있는 지유사(自由社)판 『새로운 역사교과서(新しい歷史教科書)』에는 "왜구란 쓰시마·이키·마쓰우라를 근거지로 한 해적집단으로 일본인 외에 조선인이 많이 포함되어있었다"고 기술하여 왜구 구성에 대한 역사를 왜곡하고 있다.

2) 공존의 시대 : 조선통신사의 시작

1392년 조선이 건국한 후에도 왜구의 약탈은 계속되었다. 일본도 같은 시기에 무로마치 막부가 성립하면서 같은 고민을 하게 된다. 그리하여 조선과 일본은 왜구 문제를 동아시아 국제 질서의 틀 안에서 해결하고자 했고, 양국이 비슷한 시기에 중국의 책봉 체제에 편입된다. 이어 조선통신사와 일본국왕사가 왕래하면서 왜구 문제를 해결하고 교린 관계를 성립시키면서 공존의 시대를 열어갔다.

조선통신사는 믿음으로 통하는 '통신(通信)의 사절'이라는 의미이다. 이 과정에서 조선에서는 교린 관계를 이중 구조로 만들어 제도적으로 정비해 갔다. 하나는 조선국왕과 일본국왕(쇼군) 사이의 대등(對等) 관계이고, 다른 하나는 쇼군 이외의 모든 세력을 각종 통교 규정에 의해 조정해 가는 기미(羈縻) 관계였다. 각종 통교 규정이 성립되면서, 왜인들이 약탈자에서 통교자로 바뀌고, 조선의 삼포에 와서 무역을 하며 살아가게 했다. 그리고 이 같은 교린 관계의 밑바탕에는 믿음[信]이 전제되어야 했다.

『해동제국기(海東諸國記)』에서 신숙주는 특히 믿음을 강조했다. 이것은『조선왕조실록』에 나오는 '교린지신(交隣之信)', '교린지도(交隣之道)', '교린지의(交隣之義)', '교린지예(交隣之禮)'의 개념을 외교규범으로 체계화한 것이다. 즉 교린이란 믿음(信義)·도리(道理)·의리(義理)·예의(禮義)라는 유교적 가치기준을 전제로 하는 외교이며, 통신사는 이러한 이념을 실천하기 위해 일본에 파견하는 '믿음(信)이 통(通)하는 사절'이었다.

외교사절의 명칭에 통신이란 용어가 붙여진 것은 1413년부터 이지만 통신관(通信官)이었고, 통신사의 명칭이 정식으로 사용된 것은 1428년부터 이다. 통신사를 포함하여 조선 전기 조선에서 일본에 사신파견은 총 17회였고, 통신사가 장군을 만난 경우는 1428년, 1439

년, 1443년, 1590년뿐이다. 반면 일본으로부터 파견된 쇼군의 사신,
즉 일본국왕사는 71회가 파견되었다. 일본국왕사의 파견 횟수가 많은
것은 이들 중 상당수가 위사(僞使: 거짓사절)였기 때문이다.

조선 전기 일본사행 일람

회수	서기	사행명	정사	파견대상	사행목적	출처
1	1392		각추(승)	정이대장군	왜구금지요청	《선린국보기》
2	1399	보빙사	최운사	일본대장군	보빙	《정종실록》
3	1402		조관	일본대장군	화호, 금적, 피로인쇄환	《태종실록》
4	1404	보빙사	여의손	일본국왕	보빙	《태종실록》
5	1406	보빙사	윤명	일본국왕	보빙	《태종실록》
6	1410	회례사	양수	일본국왕	보빙, 부의	《태종실록》
7	1413	통신관	박분	일본국왕	사행도중 발병중지	《태종실록》
8	1420	회례사	송희경	일본국왕	국왕사회례, 대장경사급	《노송당일본행록》
9	1423	회례사	박희중	일본국왕	국왕사회례, 대장경하사	《세종실록》
10	1424	회례사	박안신	일본국왕	국왕사회례, 금자경사급	《세종실록》
11	**1428**	**통신사**	**박서생**	**일본국왕**	**국왕사위, 치제**	**《세종실록》**
12	1432	회례사	이예	일본국왕	국왕사회례, 대장경하사	《세종실록》
13	**1439**	**통신사**	**고득종**	**일본국왕**	**교빙, 수호**	**《세종실록》**
14	**1443**	**통신사**	**변효문**	**일본국왕**	**일본국왕사위, 치제**	**《세종실록》**
15	1460	통신사	송처검	일본국왕	국왕사보빙, 사행중조난	《세조실록》
16	1475	통신사	배맹후	일본국왕	수호, 일본내란 중지	《성종실록》
17	1590	통신사	황윤길	풍신수길	왜정탐문	《해사록》

3) 공존의 장(場), 경상도의 저팬타운, 삼포

1426년 삼포제도가 정비되면서, 조선에 오는 모든 왜인들은 한반
도 동남해안의 세 포구(염포, 부산포, 제포)에 입항했다. 각종 명목으로
조선에 왔던 일본인들은 삼포에서 무역을 하면서, 우두머리들은 서울
로 상경하여 조선국왕을 알현했고, 일부는 일본으로 돌아가지 않고

삼포에 살게 되었다. 1471년 신숙주가 편찬한『해동제국기』에는 삼포의 모습이 자세히 그려져 있고,『조선왕조실록』에는 삼포 왜인들의 생활상을 기록했다. 가히 조선시대의 '저팬 타운(Japan Town)'이라고 부를 만하다.

1470년 신숙주가 편찬한『해동제국기』에는 왜인의 입항과 무역, 상경로와 방법, 절차와 접대, 서울에 묶었던 여관인 동평관(東平館), 서울고지도에 남아 있는 왜관동의 유래, 체류 기간 동안의 생활, 국왕의 알현 등이 자세히 소개되어 있다.『조선왕조실록』에도 온천을 즐기는 등 삼포 체류 왜인의 일상생활과 살았던 집, 그리고 이들과 거래한 무역품 등이 기록되어 있다.

당시 삼포를 통해 어떠한 물자의 교류가 이루어졌을까. 조선에서 일본으로 가져간 물품은 쌀이나 콩 등 식량류와 명주·면포였다. 일본에서 면포 등 의류가 주가 되었다. 당시 일본에서 면포를 선호한 이유는 일본에서는 목화재배가 이루어지지 않았으며, 조선 면포가 감촉이 좋은 고급의류로서 선호되었기 때문이다. 반면 일본에서 조선으로 건너온 주요 물품은 구리인데, 조선에서는 놋쇠로 만든 식기를 사용했고, 동전과 금속활자 등 구리 수요가 많았기 때문이다. 그 외에도 남방산 소목(蘇木: 한약재)과 물소뿔, 후추 등이 수입되었다.

그러나 조선 전기의 교린관계도 1592년 도요토미 히데요시의 조선 침략으로 단절되고, 이후 7년간의 전쟁과 그로 인한 전쟁의 상처는 일본을 불구대천(不俱戴天)의 원수로 각인시켰다.

3. 전쟁의 시대에서 평화의 시대로

1) 임진왜란, 불구대천의 원수

1592년, 조선통신사와 삼포에 의한 200년간의 우호교린이 임진왜란에 의해 깨진다. 임진왜란의 원인을 도요토미 히데요시 개인에게 돌리지만, 이로 인해 동아시아 국제 질서인 책봉 체제가 무너졌다. 이것은 히데요시가 무로마치(室町) 막부의 외교 노선을 계승하지 않고 배신한 것이다. 히데요시는 조선통신사를 조공사(朝貢使)로 취급했다. 1592년 4월 13일, 부산 동래성을 함락한 일본군은 과거의 상경로를 통해 20일 만인 5월 2일, 한양에 입성했고, 6월 16일에는 평양을 점령했다.

그러나 일본군의 승리는 개전 초기 2달간이었고, 이후 7년간 고전을 면치 못했다. 의병과 민중의 저항, 이순신 장군의 활약 때문이었다. 일본군은 한반도 남부에 29개나 되는 왜성을 쌓고 장기전에 들어갔지만, 히데요시는 죽고, 조선의 승리로 끝났다. 그의 아들 히데요리는 전쟁 후, 히데요시가 쌓은 오사카 성 후원에서 스스로 목숨을 끊었다.

7년간의 전쟁은 조선인에게 지울 수 없는 전쟁의 상흔을 남겼다. 전쟁 중에 여인들이 당한 수난을 그린 『동국신속삼강행실도』와 양국의 각종 기록들은 지금도 그 참혹함에 치를 떨게 한다. 또 조선인의 코와 귀를 만든 귀무덤 등, 이후 조선 사람은 일본인을 '불구대천의 원수'로 인식하게 되었다. 그러나 7년간의 전쟁을 통해, 조선 문화가 일본에 전달되는 계기가 되었다. 조선도공들이 빚은 도자기는 일본 국보가 되었고, 약탈당한 고려불화나 조선종 등, 많은 서적들이 지금도 일본에서 중요문화재로 전해진다.

2) 통신사의 부활, 평화의 시대

임진왜란이 끝난 후, 1604년 조선에서는 도쿠가와 막부의 강화에 대한 진의를 살피기 위해, 승려 유정(사명대사)을 탐적사(探賊使)란 명칭으로 일본에 파견했다. 사명대사 일행은 교토에 가서 도쿠가와 쇼군의 강화에 대한 의지를 확인하고 피로인 3천여 명을 데리고 돌아왔다. 사명대사 일행의 귀국 후, 조선에서는 강화를 위한 세 가지 조건을 제시하였다. 즉 일본국왕(日本國王) 명의의 강화요청서, 임란당시 왕릉도굴범의 소환, 그리고 조선피로인의 송환이었다. 이에 대해 일본은 국왕명의의 국서를 위조하고, 왕릉도굴범은 대마도의 잡범으로 대치했으며, 쇄환사 편에 피로인들을 7천여 명이상 돌려보냈다. 물론 조선에서는 국서가 위조된 것이고, 도굴범도 잡범이라는 사실을 알았다. 그러나 조선의 요구가 수용되었다는 명분과 외교적인 실리를 얻기 위해 1607년 강화사를 파견하여 국교를 재개했다. 하지만 사절단의 명칭은 강화를 요청하는 쇼군국서에 대한 회답과 피로인을 쇄환한다는 의미의 '회답겸쇄환사(回答兼刷還使)'였다. 이로부터 조선 후기에는 총 12회의 조선 사절이 파견되는데, '통신사(通信使)'의 명칭이 다시 쓰여 지는 것은 세 번째인 1636년부터이다.

통신사의 파견목적은 막부쇼군의 습직이나 양국 간의 긴급한 외교문제를 해결하기 위한 것이었다. 그리고 통신사의 편성과 인원은 각회마다 약간의 차이가 있지만, 대략 300명에서 500명이 넘는 대사절단이 평균 9개월이 걸리는 대장정이었다. 이들은 서울에서 부산까지는 육로로, 그리고 부산에서 대마도를 거쳐, 오사카까지는 해로로, 오사카에서는 다시 육로로 에도(江戸: 東京)까지 왕래하였다.

통신사 행렬의 장려함은 1636년 통신사를 직접 목격한 네덜란드 상관장 니콜라스의 기록에 상세히 묘사되어 있다.

"먼저 무용과 피리·북의 주악이 행해지고, 그 후에 벼를 타작할 때 쓰는 것과 같은 큰 막대기를 가진 몇 사람이 두 명씩 지나가고, 그 양측에서 각각 금과 생사를 섞어 만든 망을 든 세 사람이 경호하고 있었다. 그 후에 약 30명의 젊은이가 말을 타고 뒤 따랐다. 그 뒤에는 5~60명이 붉은 우단을 친 가마를 메고 따라갔다. 그 안의 탁자 위에는 칠을 한 상자가 있었고, 거기에는 조선 문자로 쓰여진 일본 황제에게 보내는 서한이 들어 있었다. ···· 재차 여러 종류의 악기를 연주하는 악대가 뒤따라 왔다. ····가마가 몇 대 지나가고, 검은 비단 옷을 입은 사절의 부관이 가마를 타고 지나갔다. 잠시 후 400명의 기사 ····약 15분이 지나자 200명의 호위병이 따르고, 일본 귀족일행이 가고, ····마지막으로 조선인의 화물과 선물을 운반하는 약 천마리의 말 ···· 이들의 행렬이 전부 통과하는 데는 약 5시간이 걸렸다."(『히라도네덜란드상관일기(平戸オランダ商館日記)』)

당시 규슈의 히라도(平戸)에는 네덜란드 상관이 설치되어 있었는데, 상관장이던 니콜라스가 에도에 가던 중 만난 조선통신사의 행렬을 묘사한 것이다. 조선통신사를 안내, 호위하거나 짐을 나르기 위해 평균 3천여 명이 동원되었다고 하는데, 이들을 모두 합쳐 행렬을 이루면 한사람의 거리를 1미터만 잡더라도 전체 길이는 3~4키로는 족히 될 것이다. 그래서 이 통신사행렬이 전부 통과하는데 5시간이나 걸렸다는 것이다.

이러한 통신사가 조선 후기 한·일 관계에서 갖는 의미는 대단히 크다. 정치외교적인 의미뿐만 아니라, 통신사가 통과하는 객관에서의 한시문과 학술교류는 한·일간의 문화 교류를 성대하게 했다.

1719년 통신사 제술관 신유한은,

"초사흘 임인, 식사 후, 유학자 10여 명이 대청에 모였다. 나는 세 서기와 함께 나가 서로 인사하고 앉았다. 좌중의 사람들 중에는 각각 장단률(長短律) 및 절구(絶句)를 베껴 와서 나에게 주며 창화(唱和)를 요청했다. 즉시 모든 요청에 응하여 회답했다. 그가 부르면 나는 곧 화답하고, 혹 바꾸어서 장편이 되기도 했으며, 책상위에는 시문 화답한 종이가 수북히 쌓였다. 김세만이 옆에 앉아서 쉴 겨를이 없이 부지런히 먹을 갈았다.

하루 중 만나는 사람은 대체로 3,4편을 얻었지만 혼자서 상대했고, 왼쪽에 응하고, 오른쪽에 답하고, 요청하는 사람들의 기대를 만족시키기 위해 독창성이 떠오르기를 기다리거나 윤색할 여유도 없었다. 다음날에도 십 수 명과 만나서 전날과 같이 창수했으며 한밤중이 되어서야 그쳤다." (신유한 『해유록』)

그렇다면 일반서민들은 어떠했을까. 통신사의 기행문과 마찬가지로 현재 일본에는 통신사에 관한 많은 회화자료가 남겨져 있다. 예를들면 풍속도화가로서 유명한 하가와 도에이(羽川藤永)의 〈조선인래조도(朝鮮人來朝圖)〉가 고베의 시립박물관에 있다.

　이 그림은 에도(東京)의 니혼바시(日本橋)를 지나고 있는 통신사일행을 그리고 있다. 화면 중앙에서부터 좌측 뒤쪽에 후지산(富士山)과 에도성(江戸城)의 성곽이 보이고, 두부모를 잘라서 짜맞춘 듯이 이층집 지붕이 나란히 늘어서 있고, 그 사이를 통신사일행이 지나간다. 2층은 문을 닫아서 창틀만 눈에 띄지만, 1층에는 상가의 휘장 밑으로 에도의 시민들이 질서정연하게 앉아있다. 양손을 들고 만세를 부르는 사람, 술이나 차를 마시는 사람, 어린 아이에게 젖을 먹이는 아낙네의 모습도 보이지만, 사람들은 통신사 행렬에 넋을 잃고 보고 있다. 그러나 길 중앙에 무사 한사람과 개는 구경하는 사람들을 향하고 있다. 경비를 맡은 무사인지 봉을 들고 서 있는 사람과 개, 방수용 물통이 눈에 띄고, 통신사를 맞이하는 에도시민들의 꼼짝도 하지 않는 모습이 잘 표현되어 있다.

　2~30년 만에 한번 오는 통신사의 장관을 놓치지 않으려는 서민들

의 모습이다. 마치 지난번 88올림픽 때나 월드컵 경기 때 서울시민의
열광하는 모습과 조금도 다를 바가 없다. 그리고 이러한 모습은 최근
에 '겨울연가'나 '소녀시대'를 보는 현대 일본인들의 모습과 크게 다르
지 않았을 것이다.

이러한 의미에서 조선통신사는 또 하나의 한류, 즉 〈조선시대의 한
류〉가 아니었을까. 그래서 조선통신사를 '조선시대의 한류(韓流)'로
표현하기도 한다.

물론 통신사가 한·일관계의 전부는 아니었다. 조선에서는 부산에
왜관을 설치하여 무역을 통하여 필요한 물자를 교역했으며, 또 대마
도주에게는 별도로 100명에서 150명 규모의 '역관사(譯官使)'를 51회나
파견하여 한·일 관계에서 대마도의 입지를 세워주고, 한·일간의 현
안을 풀어갔다.

조선 후기 통신사 일람표

순번	서기	조선	일본	임 무	총인원(오사카잔류인원)	일본기행문	비 고
1	1607	선조 40	경장 12	강화, 국정탐색, 피로인쇄환	467	경섬 『해사록』	회답겸쇄환사
2	1617	광해군 9	원화 3	피로인쇄환, 오사카평정축하	428(78)	오윤겸 『동사상일록』 박재 『동사일기』 이경직 『부상록』	회답겸쇄환사
3	1624	인조 2	관영 원	피로인쇄환, 쇼군습직축하	460	강홍중 『동사록』	회답겸쇄환사
4	1636	인조 14	관영 13	태평축하	478	임광 『병자일본일기』 김세렴 『해사록』 황호 『동사록』	통신사 대군 호칭사용 일관산 분향

5	1643	인조 21	관영 20	쇼군탄생축하	477	조경 『동사록』 신유 『해사록』 작자미상 『계미동사록』	일광산 분향
6	1655	효종 6	명력 원	쇼군습직축하	485(100)	조경 『부상일기』 남용익 『부상록』	일광산 분향
7	1682	숙종 8	천화 2	쇼군습직축하	473	김지남 『동사일록』 홍우재 『동사록』	
8	1711	숙종 37	정덕 원	쇼군습직축하	500(129)	조태억 『동사록』 김현문 『동사록』 임수간 『동사록』	아라이하쿠세키개 정(대군 ~ 국왕)
9	1719	숙종 45	향보 4	쇼군습직축하	475(109)	홍치중 『해사일록』 신유한 『해유록』 정후교 『부상기행』	개정환원 (국왕 ~ 대군)
10	1748	영조 24	연향 5	쇼군습직축하	475(83)	조명채 『봉사일본시문견록』 홍경해 『수사일록』 작자미상 『일본일기』	
11	1764	영조 40	보력 14	쇼군습직축하	477(106)	조엄 『해사일기』 오대령 『계미사행일기』 성대중 『일본록』	최천종 피살
12	1811	순조 11	문화 8	쇼군습직축하	328	유상필 『동사록』 김청산 『도유록』	대마역지통신

조선통신사를 통해 볼 때, 조선은 매우 적극적이며, 주체적으로 한
·일 관계를 전개했다고 볼 수 있다. 혹자는 조선 전기와는 달리, 조선
후기에는 일본에서는 쇼군의 사신이 오지 않고, 조선에서만 사신이
파견되었다고 해서, 조선외교의 열세를 말하지만, 그것은 그렇지 않
다. 왜냐하면, 임진왜란 때, 과거 일본국왕사의 상경로가 일본군의
진격로로 이용되었기 때문에, 조선에서는 일본인의 상경을 금지시키
고, 부산 왜관에서만 교역을 허가했기 때문에 서울에 올 수가 없었기

때문이다. 더구나 통신사 파견의 비용은 부산에서 출발하여 다시 부
산에 돌아올 때까지 모든 왕복 비용을 일본에서 부담하였는데, 그 비
용이 막부의 1년 예산이 들었다고 한다.

3) 통신부사 박재의 활동

박재는 1617년 부사의 임무를 지니고서 당시 관백이 있던 후시미
(伏見城)을 다녀왔다. 1617년 통신사의 파견 배경은 다소 복잡하다. 조
선은 안으로는 전란의 피해와 복구를 위한 후유증이 심했고, 밖으로
는 건주 여진의 세력이 날로 확장되어 후금이 건국된다. 이러한 상황
에서 북방의 후금 세력을 견제하고, 조선피로인을 쇄환 시킨다는 목
적이 강하게 작용했다. 또한 일본으로서도 도요토미(豊臣) 세력이 완
전히 멸망하고 도쿠가와 이에야스(德川家康)도 서거하여 도쿠가와 막
부의 정치적 안정이 문제가 되었다. 이러한 상황에서 '오사카(大坂)평
정 일역통합(日域統合)'의 축하통신사는 쇼군의 국제성을 고양시키고,
권력안정을 위해서도 반드시 필요했으며, 조선에게도 필요했던 외교
교섭이었다.

통신부사 박재의 본관은 고령(高靈), 자는 자정(子貞)이며, 조부는
박영석(朴永錫), 아버지는 박대용(朴大容)이다. 1602년(선조 35)에 별시
문과에 을과로 급제하고, 공조좌랑, 사간원 정언(司諫院正言), 사헌부
장령(司憲府掌令), 홍문관 부응교(弘文館副應敎) 등을 역임하였다. 1616
년 7월부터는 선친의 묘가 있는 충주에 내려와 있다가, 부사(副使)로
차출되어 일본으로 사행 길에 올랐다.

『동사일기(東槎日記)』는 이 시기에 부사로 일본에 갔던 박재(朴榟,

1564~1622)의 사행일기로, 현재 서울대학교 규장각(古 4254~46)에 소장되어 있으며 1책 59장의 필사본이다.

이 책에는 먼저 사신의 명단으로 상사(上使) 이하로 35인의 이름이 실려 있고, 이어서 1617년 5월 28일부터 11월 16일까지의 일기가 수록되어 있으며, 권말에는 일본의 국도산천(國都山川), 시정(市井), 풍속(風俗), 관복(冠服), 상장(喪葬), 절일(節日) 등에 대한 견문(見聞)이 실려 있다. 일기에는 날짜 아래에 날씨를 기록하고 일정이나 견문을 서술하였는데, 여정 중에 지은 자신의 시문(詩文) 및 상사나 종사관의 시도 함께 실려 있다. 일본 승려가 준 시나 먼 외조부인 정몽주의 시에 차운한 예도 보인다.

함께 사행을 다녀온 상사 오윤겸(吳允謙)과 종사관 이경직(李景稷)도 각각 사행록을 남겼는데, 둘 다 7월부터의 기록만 남긴 반면 이 일기는 5월 말부터 기록을 시작하였으며 더불어 상사와 종사관의 사행록에서는 수록하지 않았던 삼사(三使)의 시문(詩文)들도 실었다. 뿐만 아니라 기하쿠 겐보(規伯玄方)의 초기 접반승(接伴僧)으로서의 행적 및 그와 삼사 일행 간의 교류를 구체적으로 살펴볼 수 있는 자료라는 데에서 이 책의 독자적인 의의를 찾을 수 있다. 박재의 문집이 남아있지 않은 상황에서, 그가 남긴 저술로서도 가치가 크다.

임진왜란이 끝나자 조선피로인의 쇄환은 1604년 이전에는 강화를 요청하는 쓰시마 사절에 의해 주도되었고, 그 이후에는 탐적사, 회답겸쇄환사, 통신사 등 조선사절단에 의해 이루어졌다.

현재 조선피로인의 숫자는 정확히 알 수 없다. 일본학자는 2~3만, 한국학자는 10만에서 40만까지 추정하고 있다. 거주 지역은 조선침략에 참가했던 다이묘(大名)들의 출신지역과 구주지역이 제일 많았고,

쇄환된 피로인들은 조선사절의 사행로 주변에 분포되어 있었다. 1604년 탐적사의 귀국 전후까지 일본에서 강화를 요청하면서 사절을 보내올 때 동행한 기록들을 종합해 보면, 1607년 회답겸쇄환사가 파견되기 전까지 송환된 피로인은 2,158명이며, 사명대사의 3,000명 설을 인정해도 쇄환된 피로인은 6천 명을 넘지 않는다.

1607년 회답겸쇄환사가 파견되면서 쇄환한 인원을 포함해 보면, 1607년 1,418명, 1617년 321명, 1624년 146명, 1636년 미상, 1643년 14명으로 쇄환사에 의해 돌아온 피로인이 1,899명으로 총 4,057명이다. 사명대사의 3,000명 설을 감안하더라도 총 5,667명으로 6천 명을 넘지 않는다.

현재 임진왜란 때의 피로인수를 정확히 알 수는 없지만 1607년 회답겸쇄환사로 파견되었던 경섬이 '지금 쇄환해 오는 수는 아홉 마리 소 가운데 털 한 개 뽑을 정도도 못되니, 통탄함을 이길 수 있겠는가' 라고 한탄을 금지 못하는 표현을 보면 쇄환된 피로인의 수는 지극히 일부에 지나지 않았음을 알 수 있다.

4) 통신에서 배신으로, 침략의 전주곡

조선통신사행은 1811년에 끝이 나며, 그것도 쓰시마에서 약식으로 국서를 교환하는 역지통신(易地通信)이었다. 물론 그 이후 몇 차례에 걸쳐 쇼군직을 습직하였고, 그때마다 통신사파견이 요청되었으나, 일본 내의 사정에 의해 4차례나 연기를 하다가 결국 1868년 명치유신을 맞게 되고, 한·일 관계는 새로운 국면으로 접어들게 되었다. 이로써 통신사로 상징되었던 조선시대의 우호교린의 교류도 끝이 났다.

교린관계의 종말은, 명치유신을 알리는 일본 측의 서계로부터 비롯되었다. 명치유신 직후, 일본에서는 천황(天皇)의 집권사실과 명치외무성에서 한·일 관계를 전담한다는 서계를 보내왔다. 그런데 서계의 양식이 이제까지와는 달리 일본천황을 한 단계 위에 놓고, 천황과 조선국왕이 외교관계를 맺을 것을 요구했다. 조선에서 외교관례상 이것을 거부하는 것은 당연한 일이었다. 조선에서는 쇼군이 집권하건, 천황이 집권하건, 그것은 일본 국내의 사정이므로, 조선은 단지 일본의 최고집권자와 대등한 관계를 하면 된다고 주장했다. 이에 대해 결국 일본은 무력을 앞세워, 1872년 부산왜관을 점령했고, 이후 일방적으로 밀어붙이는 침략외교에 의해 교린관계는 깨지고 말았다.

조선 전기 통신사에 의한 200년간의 교린관계가 임진왜란에 의해 깨진 것처럼, 조선 후기 260여 년간 교린관계도 일본의 일방적인 왜관점령에 의해 종말을 고했다. 교린관계의 붕괴과정은 다르지만, 일본의 일방적인 무력침공이라는 똑같은 형태가 반복되었던 것이다.

4. 조선통신사의 역사적 의미

한·일 양국에서는 20세기의 불행을 극복하고, 21세기의 출발을 새롭게 하자는 의미에서, 2005년을 '한·일우정의 해'로 정했다. 양국 간의 외교적인 갈등에도 불구하고 하루 2만 명이 왕래하는 시대가 되었다. 김포 - 하네다 간에는 직항로가 개설되어, 아침 8시부터 밤 10시까지 서울 - 동경 간을 오가고 있다.

그러나 일본 극우 정치인들은 일본 국민을 선동하여 '독도'를 일본

땅이라고 부추기고, 일본군위안부의 역사를 은폐하는 등 역사를 왜곡하여 양국관계를 깊은 수렁으로 몰아가고 있다. 한·일관계가 다시 불행해질지도 모른다.

이 모두 지나간 한·일관계의 역사적 경험을 무시하고, 무의미하게 만드는 바보 같은 짓이다. 광복 70주년과 한·일 수교 50년이 지난 지금 아직도 갈등이 계속되고 있는 이 상황에서 진정한 의미의 교린이 무엇인가, 1617년 통신부사 박재의 『동사록』을 통해, '조선통신사'의 역사적 메시지에 다시 한 번 귀를 기울여 보자.

1617년 회답겸쇄환사의 사행문학 검토

『동사일기』 수록 박재의 사행시를 중심으로

1. 머리말

운계(雲溪) 박재(朴梓, 1564~1622)는 1617년(광해군 9) 회답겸쇄환사(回答兼刷還使)의 부사(副使)로서 정사 오윤겸(吳允謙), 종사관 이경직(李景稷)과 함께 일본에 다녀왔다. 이 사행은 임진왜란 이후의 공식 사절인 1607년의 회답겸쇄환사 이후 두 번째 사절로서, 명칭에서도 알 수 있듯이 회답 및 피로인(被擄人) 쇄환이 목적이었다. 1615년 오사카전투로 도요토미 히데요시(豊臣秀吉) 세력이 완전히 평정되어 도쿠가와 이에야스(德川家康)의 사절 파견 요청에 응할 명분이 생겼을 뿐 아니라 이에야스 사망으로 히데타다(德川秀忠)가 즉위하자 이에 따른 일본의 정국 변화를 정탐하기 위해서라도 사절 파견이 필요했던 것이다.[1]

---

1) 이훈, 「광해군대 '회답겸쇄환사'의 파견(1617년)과 대일본외교」, 『한일관계사연구』 제52집, 한일관계사학회, 2015, 152쪽.

박재는 이때의 경험을 바탕으로 사행록 『동사일기(東槎日記)』를 저술하였다. 『동사일기』는 현재 서울대학교 규장각에 소장되어 있으며 (청구기호: 古4254-46) 1책 59장으로 된 필사본 자료이다. 이 시기 사행록 가운데 오윤겸의 『동사상일록(東槎上日錄)』과 이경직의 『부상록(扶桑錄)』은 ≪해행총재(海行摠裁)≫에 수록되어 일찌감치 연구대상으로 활용될 수 있었다. 그러나 박재의 사행록은 1986년에 처음으로 학계에 소개되었으며[2] 이제까지 원문DB와 번역이 제공되지 않아 세간에 널리 알려지지 못하였다. 그러다가 2014년 연세대에서 진행한 문화재청 연구용역 당시 원문과 번역문의 DB가 처음 제작되었고, 근래 번역서[3]가 출간됨으로써 비로소 『동사일기』에 대한 접근 및 연구가 용이해지게 되었다.

한편 『동사일기』에 대한 본격적인 연구로는 2016년에 제출된 이상규의 논문[4]이 유일하다. 이 논문은 1617년 사행에서의 박재의 역할, 그리고 『동사일기』의 성립 배경 및 구성상의 특징에 대해 상세히 밝히고 있다. 여기서는 광해군이 쇼군의 답례은(答禮銀)을 궁궐 영건에 사용하고자 하는 자신의 뜻을 주선할 인물로서 박재를 통신사 부사로 발탁하였음을 논증하였다. 또, 이 시기 회답사 파송이 지연된 연유가 박재의 기록을 통해 처음으로 명확히 드러나게 되었음을 지적하였다. 이와 함께 박재가 정몽주 및 김성일의 시에 차운한 작품을 남긴 것,

---

2) 하우봉, 「새로 발견된 일본사행록들 -≪해행총재≫의 보충과 관련하여-」, 『역사학보』 제112집, 역사학회, 1986.
3) 박재 지음·김성은 옮김, 『통신사 사행록 번역총서3: 동사일기』, 보고사, 2017.
4) 이상규, 「1617년 회답부사 朴梓의 『東槎日記』 고찰」, 『한일관계사연구』 제55집, 한일관계사학회, 2016.

외증조 권주(權柱)의 사적에 대해 알아보고자 한 것, 외교승 겐포(玄方)와 시를 주고받은 일 등을 개략적으로 소개하였다. 본 연구는 이에 대한 후속연구로서, 『동사일기』에 수록된 저자의 시문에 초점을 맞춘 논의이다.

선행연구에서 지적하였듯이 『동사일기』는 일기나 문견은 간략한 반면 저자 및 동행한 인물들의 시문을 다수 수록하고 있다는 특징을 지닌다. 전체 93수의 시문 가운데 저자 박재의 시문은 58수를 차지한다. 이 작품들은 이 시기 회답겸쇄환사의 사행 경험과 일본 인식을 보다 구체적으로 확인하는 데 유용한 자료이다. 이에 본문에서는 먼저 『동사일기』의 전체 시문 수록 양상을 간략히 검토하고, 다음으로 박재 시문의 제재와 주제의식을 세 가지 측면으로 나누어 살펴봄으로써 1617년 회답겸쇄환사 사행문학의 한 양상을 드러내고자 한다.

2. 『동사일기』 수록 시문 개황

1) 『동사일기』의 구성과 시문 수록의 양상

통신사 사행록은 일기(日記), 시문(詩文), 문견록(聞見錄)의 세 가지 요소의 조합으로 이루어지는 것이 보통이다. 각각의 사행록은 이 세 요소 중 하나 또는 둘만으로 구성되어 있기도 하고, 세 가지를 모두 갖추고 있기도 하다. 또 저자에 따라서는 두세 가지의 요소를 하나의 사행록으로 편집하기도 하고 각 요소를 별도의 책으로 편집하여 따로 제목을 붙이기도 하였다. 세 요소를 하나의 기록에 포함시킬 때에도 각 요소를 혼합하여 서술하는 방식이 있고 분리하여 따로 편차를 세우는 방식도 있었다. 이러한 복합성과 구성방식의 다양함은 사행록 텍스트의 주요한 특성이라고 할 수 있다.

이 가운데 박재의『동사일기』는 일기, 시문, 문견록의 세 가지 요소를 모두 갖춘 사행록이다. 그러나 세 요소를 완전히 분리하여 편집하지는 않았다. 즉, 일기 속에 해당 일자에 짓거나 교환한 시를 수록하는 방식을 택하고 있는 것이다. 한편, 문견록에 해당하는 부분은 따로 권차를 세우지는 않았으나 일기와 분리하여 서술하고 있다. 문견록에서는 국도산천(國都山川), 시정(市井), 성지(城池), 궁실(宮室), 풍속(風俗), 관복(冠服), 음식(飮食), 찬물(饌物), 부역(賦役), 형벌(刑罰), 상장(喪葬), 혼인(婚姻), 절일(節日)의 열세 가지 항목에 대해 간략히 설명한 후, 일본의 지리, 관제, 산물, 천황에 대하여 합쳐서 서술하였다. 간략하긴 하지만 이 시기 조선 사대부들의 일본 이해를 보여주는 중요한 기록이다.

한편 같은 시기 사행록인 오윤겸의『동사상일록』은 일기+시문, 이경직의『부상록』은 일기+문견록의 구성으로 되어 있어서 박재의 기록과는 차이가 있다. 이경직의 사행록이 문견을 특히 충실히 서술하고 있다는 점이 두드러지는 반면 박재의 사행록은 일기 속에 시문을 포함시켜 일본 사행의 한 부분을 차지하는 작시와 시문수창의 배경 및 분위기를 더 잘 이해하게 해준다는 특징이 있다. 박재와 마찬가지로 시문을 수록한 오윤겸의 사행록이 저자 및 다른 인물의 시를 32수 포함하고 있는 것과 비교해도 전체 93수의 시를 수록하고 있는 박재 기록의 독특함을 확인할 수 있다.[5]

---

5) 『동사일기』의 체재상 특징에 관해서는 이상규(2016)에서 자세히 소개하고 있다.

『동사일기』에 수록된 93편의 시문을 여정에 따라 분류하여 그 편수를 계산하면 아래와 같다.

〈표 1〉『동사일기』 수록 시문 여정별 편수

저자	국내여정	해로 및 쓰시마	교토	합계
朴梓	11수	36수	11수	58수
吳允謙	3수	9수	3수	15수
李景稷	1수	10수	5수	16수
宗方	·	2수	·	2수
기타	2수(尹民逸, 黃汝一)	·	·	2수
합계	17수	57수	19수	93수

전체 수록 시문 93수 중 박재의 작품은 모두 58수이다. 여정에 따른 작품 수를 보면 전체 93수 중 해로(海路) 및 쓰시마(對馬)에서 지은 작품이 57수(박재의 시는 36수)로 가장 많고, 국내 여정과 교토(京都) 체재 중에 지은 시는 그 분량이 비슷하다.

국내에서 지은 시는 갈 때 박재가 경주에서 지은 시, 그리고 귀로에서 이경직이 박재에게 안부 차 보낸 시 외에는 모두 부산에서 지은 것들이다. 일본으로 떠나기 전 바람을 기다리며 부산에서 여러 날을 보내면서 일행 간에 시문 창수를 하기도 하고, 한가할 때에 주변 경물을 읊기도 했던 것이다. 해로 및 쓰시마에서 지은 작품은 하뢰(下瀨)를

이 논문에서는 박재의 시에 특히 시문이 많이 수록된 이유에 대해 "대체로 건강 사정이 좋지 않았기 때문에 저자는 정사, 종사관, 쓰시마번의 승려와 창수한 시를 되도록 옮겨 적어 사행록을 채우려 하였다."고 분석하고 있다. (이상규, 107쪽)

지나며 박재와 이경직이 지은 사(辭) 각 1편, 선상에서 박재가 종방(宗方)에게 보낸 시, 아카마가세키(赤間關)에서 박재와 오윤겸이 안덕사(安德祠)에 제(題)한 작품 외에는 모두 왕로(往路)에 쓰시마에서 지은 것이다. 나머지는 사행이 관백 접견 등의 일정 소화를 위해 상당 기간 머물렀던 교토의 다이토쿠지(大德寺)에서 지은 작품들이다. 시문창수를 위해 일반 문사들이 통신사를 방문했던 18세기와는 달리, 숙소에 머물면서 일행들 또는 접반승들과 차운하는 것이 대부분이었기에 작시의 장소 역시 제한적이었던 것이다.

아래 〈표 2〉는 각 작품을 시체(詩體)에 따라 분류한 것이다.

〈표 2〉『동사일기』수록 시문 시체별 편수

저자	오언절구	칠언절구	오언율시	칠언율시	오언배율	칠언배율	사(辭)
朴榟	8수	24수	11수	10수	2수	1수	2수
吳允謙	1수	5수	5수	3수	·	·	1수
李景稷	3수	4수	5수	2수	·	1수	1수
宗方	·	1수	·	1수	·	·	·
기타	·	1수	1수	·	·	·	·
합계	12수	35수	22수	16수	2수	2수	4수

전체 작품 중 칠언절구가 가장 많고 다음으로 오언율시, 칠언율시, 오언절구 순이다. 박재의 작품 역시 마찬가지로 칠언절구가 많으며 나머지 순서도 동일하다. 사실상 다른 시체들의 수는 엇비슷하여, 가장 중심이 되었던 시체가 칠언절구였음을 알 수 있다. 한편 사(辭) 작품이 4편 있는 점이 특기할 만하다. 두 편은 해로의 하뢰(下瀨)를 지나며 이경직과 박재가 지은 작품이고, 두 편은 아카마가세키의 아미다

지(阿彌陀寺)에 머물 때 오윤겸과 박재가 안토쿠천황을 조문하여 지은
것이다. 전자는 이경직의 시에 박재가 차운한 것이고 후자는 박재가
지은 것에 오윤겸이 차운한 것이다.

위 93편의 시문은 기존의 사행기록과 함께 1617년 통신사의 일본
인식이나 당시 사행의 구체적인 정황을 살펴보는 데에도 유용한 자료
이다. 특히 서로 다른 저자가 같은 대상에 대해 읊은 작품을 비교해
보면 당시 사행단을 구성했던 주요 인물들의 인식상의 공통점과 차이
점을 발견할 수 있다. 다음 절에서는 위 작품 중 박재의 시문 58편에
대해 유형별로 검토하고자 한다.

2) 박재 시문의 유형별 검토

『동사일기』에 수록된 박재의 시문은 모두 58수이다. 아래 표3은 해
당 작품이 수록된 일기의 날짜와 작품 제목을 정리한 것이다. 작품의
제목만으로 내용을 알기 어려우므로 제목과 함께 시의 내용을 간략히
제시하였다. 제목은 〈 〉으로 표시하였고, 제목 없이 본문만 수록된
시는 '(제목 없음)'으로 표시하고 작시 배경을 밝혔다.

〈표 3〉『동사일기』 수록 박재 시문의 제목과 내용

	일자	제목	내용
1	6월 18일	(제목 없음) 경주에서 지은 시	경주의 풍경과 회고의 정
2	6월 25일	〈贈別慶州妓玉芙蓉以宴享事來釜山〉	이별의 정
3		〈敬次〉	나그네의 감회
4		〈又次右韻〉	자기성찰
5		〈次上使韻呈東萊府使〉	나그네의 감회

6	7월 1일	〈記所見〉	바다의 폭풍우 묘사
7		〈敬次〉	풍류
8	7월 4일	〈敬次〉	상대의 시문 예찬
9		〈次萊伯初一日大雨韻, 送於從事官〉	대우(大雨)의 풍경 묘사
10		〈次東萊壁上韻-太宗臺〉	태종대에서 느낀 무상감
11		〈次東萊壁上韻-鄭瓜亭〉	정서(鄭敍)의 연군의 정 회고
12	7월 9일	〈次從事足下過下瀨辭〉	해로 풍경과 사신(使臣)의 사명감
13	7월 11일	〈次上使韻兼呈從事官〉	밤 풍경과 연군의 정
14		〈次上使韻〉	빗소리와 포은(圃隱) 회고
15	7월 13일	〈病臥馬島館中次圃隱先生宿登州韻〉	장유(壯遊)의 감회와 객수
16		〈次圃隱先生蓬萊館韻〉	사신의 감회와 객수
17	7월 15일	〈次圃隱先生韻〉	일본 풍속에 대한 칭찬
18		〈又次圃隱先生韻〉	나그네 회포와 연군의 정
19		〈又次先生韻〉	바다의 풍경과 정취
20		〈又次先生韻〉	가을밤의 풍경과 정취
21		〈又次〉	달밤의 정취와 객수
22	7월 18일	〈次宗方韻〉	교린의 우호와 종방의 아취(雅趣)
23	7월 24일	〈次上使從事韻〉	시냇가의 한가한 정취
24		〈又次〉	한가한 정취와 나그네 회포
25		〈又次〉	시냇가의 한가한 정취
26		〈又次〉	가을이 되어 느끼는 객수
27		〈次〉	탈속(脫俗)의 지향
28		〈又次〉	탈속의 지향
29		〈又次〉	나그네의 회포
30		〈次〉	폭포의 풍경
31		〈次圃隱先生韻〉	포은에 대한 예찬과 이역 교화의 다짐
32		〈次宗師前韻〉	종방의 고상한 풍모 예찬
33		〈次〉	〈노성도(老星圖)〉 찬(讚)과 연군의 정

34		〈次〉	치자꽃 묘사
35		〈次〉	저녁풍경과 나그네 회포
36		〈次〉	소철나무 묘사
37	7월 25일	〈有所思〉	짝 잃은 원앙과 이별의 정
38		〈次〉	종방의 고상한 풍모 예찬
39		〈又次〉	종방의 고상한 풍모 예찬
40	7월 26일	〈次金鶴峰霽景十韻〉	가을 포구의 풍경과 사신의 감회
41	7월 27일	〈次圃隱先生韻〉	가을밤의 정취와 객수
42	7월 29일	〈次圃隱先生韻〉	시간의 흐름과 인간 흥망의 무상함
43		〈又次〉	밤풍경과 객수
44		〈次圃隱先生延日縣韻〉	이역에서의 감회
45		〈又次〉	무상감과 장유의 회포
46	8월 4일	〈贈宗師〉	종방의 시문과 풍모 예찬
47	8월 5일	〈弔安德祠文〉	안토쿠천황에 대한 추모
48	8월 30일	〈奉呈上使兼叩從事辱次〉	계절의 변화와 나그네의 시름
49		〈贈甘棠寺僧宗淸絶句〉	감당사의 그윽한 분위기 묘사
50	9월 1일	(제목 없음) 宗方에게 준 시	상대에 대한 그리움
51		〈偶吟呈上使兼示從事官〉	가을날의 객수와 연군의 정
52		〈偶吟呈上使兼示從事官〉 둘째 수	가을밤의 객수
53		〈偶吟呈上使兼示從事官〉 셋째 수	가을날의 객수
54	9월 2일	〈次上使韻〉	병풍 속 기러기 그림에 대한 찬
55		〈次從事官韻〉	병풍 속 기러기 그림에 대한 찬
56		〈次大德寺僧人宗全〉	가을날의 객수
57		〈次僧人宗元〉	증시(贈詩)에 대한 사례
58	9월 5일	〈次上使韻〉	가을날의 객수

위 작품들 중 제목에 '次'가 들어가 있는 것이 46수나 된다. 이때 차운의 대상이 된 작품은 정사 오윤겸과 종사관 이경직이 읊은 시, 그리고 일본의 승려들이 증정한 시, 포은(圃隱) 정몽주(鄭夢周, 1337~1392)

의 시 등으로 다양하다. 여기에는 즉석에서 주고받은 창화시도 있고 증정 받은 시에 화답하여 보낸 시도 있으며, 옛 시의 운을 빌려와 스스로 지은 시도 있다. 일본 사행 당시 박재가 차운(次韻)의 방식을 즐겨 사용하였다는 것, 그리고 사행원들 간에 시문수창이 빈번했음을 알 수 있다.

위 작품들 가운데 상대방에게 증정하거나 증정 받은 시에 화답하여 지은 시는 2, 8, 17, 22, 32, 38, 39, 46, 49, 50, 56, 57번의 11수이다. 이 가운데 2번과 8번은 국내 여정에서 지은 시로, 각각 경주 기생과 동래부사에게 지어준 이별시이다. 나머지 9수는 일본의 승려들과 주고받은 시인데, 49, 56, 57번을 제외한 7수는 당시 사행과 동행한 이정암(以酊菴) 승려 기하쿠 겐포(規伯玄方, 1588~1661)에게 써준 시이다. 겐포는 『동사일기』에는 종방(宗方)이라는 별칭으로 등장하며, 그가 통신사에게 준 시 2수가 같이 실려 있다. 한편 49번은 종청(宗清), 56번은 종전(宗全), 57번은 종원(宗元)이라는 인물에게 써준 시로, 세 사람 모두 다이토쿠지의 승려이다.

증시(贈詩)의 대상이 승려들에 국한된 까닭은 이 시기까지만 해도 일본에서 승려들이 문필을 담당하고 있었기 때문이다. 통신사와 일본의 (일반) 문인 간의 교유가 처음 시작된 것은 1636년 하야시 라잔(林羅山), 이시카와 조잔(石川丈山) 등의 인물이 출현했을 때이다. 박재가 일본에 간 1617년에는 승려들과의 교유가 전부로, 이는 정몽주가 사행시에서 읊은 그대로이다.[6] 그렇다고 통신사와 일본 승려들 간의

---

6) 정몽주의 〈봉사일본작(奉使日本作)〉 첫 수에서 "산승은 매일 시 달라고 찾아오고 / 지주는 때때로 술을 보내오네.[山僧每爲求詩至, 地主時能送酒來.]"라고 하였다.

문학적 교류가 그렇게 활발했던 것도 아니었다. 일본 승려들 중에 한시 창작에 능숙한 인물들이 많지 않았기 때문이다. 게다가 이 시기까지는 여전히 임진왜란 이후 일본과의 관계 회복을 조심스레 타진하는 단계였기에 시문창화가 양국인의 교류에서 중요한 부분이 되기 어려웠다. 그러므로 박재의 사행록에서 발견되는 겐포와의 창화시는 이 시기 양국인의 시적 교류를 보여주는 드문 자료라는 점에서도 특기할 만하다.

한편 전체 93수 가운데 60수가 오윤겸, 박재, 이경직이 서로 보여주고 차운한 작품들이다. 무료함과 객수를 달래기 위해 시문창화를 하며 시간을 보낸 것이다. 이 시들은 서로 주고받은 것이기는 하나 앞에서 살펴본 증시와는 그 성격이 다르다. 상대의 작품에 차운하여 짓는 방식을 취하고 있으나, 그 내용은 일본에서의 견문이나 나그네의 감회 등 다양한 내용을 담고 있기 때문이다. 즉, 어울려 시를 짓기 위해서 차운의 방식을 택한 것이며 실제로는 세 사람 각자가 지은 일본 기행시라고 할 수 있다. 60수 가운데 박재의 작품은 30수이다. 즉, 박재 작품 58수 가운데 30수가 여기에 속하는 것으로, 차운의 방식으로 지은 기행시인 것이다. 이 때문에 원운(原韻)이 없다고 해도 그 내용을 충분히 이해할 수 있다. 그러나 서로 차운한 작품들은 대체로 비슷한 대상에 대해 읊고 있는 것이어서, 나란히 놓고 보면 동일한 시적 대상에 대한 다채로운 시상(詩想)을 접할 수 있게 된다.

증시 11수 및 사행원들과 함께 지은 시 30수를 제외한 17수는 박재가 스스로 읊어서 자신의 일기에 포함시킨 작품이다. 이 가운데 경주에서 지은 것이 1수, 부산에서 지은 것이 2수이다. 나머지 14수는 모두 쓰시마에서 지은 것이다. 또, 경주에서 지은 한 수 외에 나머지 작품들은 모두 차운시이다. 부산에서 지은 시 두 수는 동래의 벽 위에 걸려있던 시를 차운한 것이라고 했는데, 태종대(太宗臺)와 정과정(鄭瓜亭)을 읊은 것이다. 특기할 점은 스스로 읊은 시 가운데 13수가 포은 정몽주의 시에 차운한 작품이라는 점이다. 그 외 학봉(鶴峰) 김성일(金誠一)의 시에 차운한 작품이 한 수 있다. 사실상 혼자 지은 시의 대부분이 포은에 대한 회고(回顧)의 정을 담고 있으며, 다른 사행원들과 함께 읊은 시에서 그러한 정서가 드러나는 경우도 있다. 이 작품들도 내용상으로는 모두 기행시에 속한다.

요컨대 박재의 시문 58수를 유형별로 살펴보면 증시 12수, 기행시가 46수이며, 기행시 가운데 30수는 일행과 함께 읊은 시이고 16수는 혼자 지은 시라고 할 수 있다. 또, 혼자 읊은 시 가운데 대부분은 포은 정몽주의 시에 차운한 것으로, 포은에 대한 회고의 정을 바탕으로 창작된 것임을 알 수 있다. 이처럼 박재의 작품은 몇 가지 서로 다른 유형으로 이루어져 있으나, 모두 일본 사행의 경험을 기록하거나 사행 과정에서의 만남과 관련된 작품이라는 점에서 기행시, 구체적으로는 사행시의 범주로 포괄할 수 있다.[7] 이러한 전제에 따라 다음 장에서는『동사일기』수록 시문 전체를 대상으로 박재 사행시의 특징을 살펴보고자 한다.

---

7) 상대방에게 증정하기 위해 지은 시는 여행지에서의 견문과 감상을 주제로 하는 기행시와는 그 성격이 조금 다르다. 또,『동사일기』수록 작품 가운데서 그림에 대한 찬을 주제로 한 시(표 3의 54, 55번)와 같은 것도 그 내용만을 볼 때에는 기행시라고 하기는 어렵다. 그러나 이러한 작품들은 모두 일본 사행의 과정에서 창작된 것으로서, 그 소재나 주제의 선택이 사행 체험에서 연유한 것이므로 하더라도 넓은 의미의 기행시에 속한다고 할 수 있다.

3. 『동사일기』에 수록된 박재 시문의 제재와 주제의식

본 장에서는 『동사일기』에 수록된 박재 시문의 제재와 주제의식을 세 가지 측면으로 나누어 검토한다. 첫째는 여행지의 풍경과 일본 견문, 둘째는 회고(懷古)의 정과 사신의 임무, 셋째는 일본 승려와의 시문 교유라는 측면이다. 이 세 가지는 박재 사행시의 대표적인 제재로서, 아래에서 실제 작품을 예로 들어 그 구체적인 특징을 논하고자 한다.

1) 여행지의 풍경과 일본 견문

1617년 사절은 부산을 출발하여 쓰시마와 아카마가세키를 경유하여 교토의 후시미성(伏見城)까지 다녀왔다. 일행은 부산에서 오사카성에 이르기까지 줄곧 배를 타고 이동했다. 부산과 쓰시마에서는 바람을 기다리며 여러 날을 머물렀다. 눈앞에 보이는 것은 온통 풍랑이 이는 바다였으며, 이는 국내 여정이나 중국 사행과 다른 일본 사행길의 특징적인 요소였다. 박재의 사행시에도 그러한 해로 풍광의 묘사가 두드러진다.

> 어룡(魚龍)이 울부짖고 성난 우레 소리 울리는데,　魚龍叫嘯雷霆怒
> 북소리 요란한 곳에 만마(萬馬)가 달려가는 듯하네.　鼙鼓喧邊萬馬奔
> 양후(陽侯)가 장대한 광경을 자랑하고자　　　　應想陽侯誇壯景
> 일부러 비바람을 천지에서 다투게 한 것이리라.[8]　故教風雨鬪乾坤

---

8) 〈記所見〉, 박재 지음·김성은 옮김, 47쪽.

바다제비 바람 따라 춤추니,	海鷰隨風舞
양후(陽侯)가 성난 파도 일으켰네.	陽侯作怒波
놀란 우레 밤들어 더욱 급해지고,	驚雷夜更急
날아드는 빗방울 새벽녘 더욱 많아지네.	飛淚曉尤多
멀리 섬들은 용궁에 기울고,	遠嶼傾蛟室
가까이 배들에는 노 젓는 노랫소리 끊겼네.	隣船斷棹歌
누워서 선원들의 소란스런 소리 들노라니,	臥聽黃帽鬧
배의 키며 노는 끝내 어찌 되려는가.[9]	栧櫓竟如何

　첫 번째 시는 부산에서 지은 것으로, 비바람이 몰아치는 장면을 묘사한 것이다. 천둥이 울리고 파도가 번드치는 광경을 전쟁터의 북소리와 말 달리는 모습에 빗대고, 이를 수신(水神)이 위용(威容)을 떨치려는 것으로 표현했다. 두 번째 시는 동래에서 큰 비가 내린 날의 풍경을 읊은 것이다. 7월 4일의 시인데, 이튿날 해신제(海神祭)가 있어서 일행이 배에서 유숙했다고 한다. 그런데 밤이 들면서 빗방울이 거세지고 파도가 몰아치기 시작한다. 선창을 내다보니 바다제비가 춤을 추듯 바람에 휩쓸리고, 가까운 데 섬들은 물속에 잠겨버릴 것만 같다. 선원들이 키를 붙잡고 노를 젓느라 소란스레 오고가니 선실에서 잠을 청해보지만 쉽지가 않다. 이미 부산에서부터 여태 겪어보지 못한 바다의 위용을 맞닥뜨린 것이다.

　큰 고래와 악어가 날카로운 이빨을 들쭉날쭉 드러내고,

　　　　　　　　　　　　　　　長鯨巨鰐兮釰齒參差兮

---

9) 〈次萊伯初一日大雨韻, 送於從事官〉, 같은 책, 51쪽.

눈과 서리 뿜어대니 동서(東西)가 헷갈리네.	噴雪霜兮迷西東
돛은 물에 나왔다 잠기기를 그치지 않으니,	孤帆出沒兮靡所止
구름과 물속으로 떨어져 아득히 끝이 없구나.	落雲水兮杳無際
우레 속 놀란 파도 바위를 치니,	驚濤觸石以雷裏兮
잠겼다 솟구치며 다투어 집어 삼키려 한다.	櫛泪崩騰兮爭嚙噬
아침에 해 떴다가 저녁에 안개 껴 잠깐 사이 기후 달라지니,	
	朝暾夕靄兮頃刻異候
자줏빛 붉은 빛 얽혀서 괴이한 기운 갖가지로 변화하네.	
	紫赤輪囷兮怪氣萬變
홀연 한 항구가 텅 비어있는데,	忽一港兮谽呀
회전하는 해류를 휘감았네.	縈海流之回轉
두 협곡을 쪼갠 것이 문과 같으니,	劈兩峽兮如門
하뢰(下瀨)의 급류라 하네.	云下瀨之急流
뱃사공들은 경계하여 떠들지 않으면서	舟人相戒以無譁
한편에 있는 모래섬을 가리킨다.	指一邊之沙洲
이는 스미요시(住吉)의 신사라 하니,	曰此住吉之神社
천년 동안 포구를 지켜왔도다.	羌千年兮鎭浦口
청송은 우거지고 동백은 푸른데,	青松掩靄兮冬栢蒨蔥
창벽(蒼壁)과 단애(丹崖)가 좌우를 묶은 형세라.[10]	蒼壁丹崖兮束左右

위 작품은 하뢰(下瀨)를 지나며 지은 것으로, 이경직의 〈과하뢰사(過下瀨辭)〉에 대한 화답이다. 하뢰는 현재 쓰시마시에 속하는 후나코시우라(船越浦) 인근의 해역을 가리키는 듯하다. 이 작품은 총 66구로 이루어진 사(辭)인데, 인용한 부분은 하뢰에 도착하기까지의 해로 풍

---

10) 〈次從事足下過下瀨辭〉 부분, 같은 책, 60~61쪽.

광을 묘사한 구절이다. 고래와 악어는 위험천만한 뱃길을 묘사할 때
종종 사용되는 소재이다. 온 천지가 물결로 가득해 사방을 분간할 수
없는데 돛대는 파도 속을 들어갔다 나왔다 위태롭기 짝이 없다. 변덕
스런 바다 날씨에 햇빛은 만단으로 굴절되어 기이한 기운마저 띤다.
파도를 헤치고 가니 홀연 항구 하나가 나타나는데 바로 하뢰의 급류
다. 이어서 스미요시의 신사를 지나며 경계하는 선원들의 모습, 그리
고 협곡의 형세를 실감나게 그려내고 있다.

　해로 풍광 외에 숙소 주변의 경치와 그 속에서의 한가한 정취를 그
려낸 작품들도 있다. 사행은 쓰시마에 도착한 지 열흘째 되던 날 류호
인(流芳院)으로 숙소를 옮겼다. 이곳은 야나가와 시게오키(柳川調興)의
조부와 부친의 재실(齋室)이었는데, 근방에 아름다운 숲이 있어 거닐
만한 곳이었다. 일행은 약 열흘간 이곳에 머물면서 순풍을 기다렸다.
이때 지은 시 가운데 근방의 풍광이나 일본의 산물에 대해 묘사한 작
품들이 있다. 아래는 각각 폭포와 소철(蘇鐵)을 읊은 작품이다.

바위에 닿자 구슬 같은 물방울 부서지니,	觸石連珠碎
대 숲 서쪽에 졸졸 냇물 흐르네.	琮琤萬竹西
맑게 젖어든 붉은 노을 비추고,	淸涵紅霞暎
차갑게 젖어든 푸른 구름은 나직하네.	冷蘸碧雲低
붉은 해의 더위를 씻어내니,	爲滌朱炎惱
흰 이슬 처연한 기운 느껴지는 듯.	還疑白露悽
잠시 고요치 못한 곳에서,	暫時未靜境
나그네살이 한탄하지 말지어다.[11]	莫自恨羈棲

11) 〈次〉, 같은 책, 93쪽.

철을 박은 푸른 잎 펼쳐지니,　　　　　釘鐵方看翠葉展

햇볕에 말려 끝내 푸른 줄기 소생하였네.　　曝陽終占碧莖甦

풍기가 본래 화이(華夷) 간에 나뉘는 법이니,　　風聲自足華夷別

괴이한 기운으로 초목이 다름을 어찌 논하리오.[12]　怪氣何論草木殊

　위 두 작품은 류호인 근처의 숲에서 노닐면서 지은 것으로, 두 작품 모두 이경직의 시에 차운한 시이다. 앞의 시는 뜨거운 7월의 날씨에 폭포에서 잠시 느끼는 시원함을, 뒤의 시는 철을 꽂아두면 소생한다는 소철의 생태에 대해 읊었다. 소철은 조선에서는 나지 않았고 그 생태가 독특했기에 통신사 기록에 종종 등장했던 소재이다. 여기서 박재는 그러한 산물의 차이를 '화이(華夷)'의 차이로 표현하였으며, '괴기(怪氣)'라는 말로 이질감을 드러내고 있다. 이경석의 시에서도 "물성도 화이에 따라 변하여 / 오랑캐 땅에 초목은 품종도 다르구나. [物性亦隨夷夏變, 蠻鄉草木品還殊.]"[13]라고 하였다. 다른 작품에서도 이경직과 박재는 조금도 주저하지 않고 일본을 '만향(蠻鄉)'이라고 표현하고 있다. 아직 일본에 대한 적개심과 거리감이 누그러지지 않았던 당시의 분위기를 보여준다.

　경치뿐 아니라 일본의 사적에 대해서도 시로 읊었다. 아래는 아카마가세키의 아미다지에 머물 때 지은 것이다.

태아검 거꾸로 잡아,　　　　　大阿兮倒持

관과 신의 자리 뒤바뀌었네.　　冠履兮易置

---

12) 〈次〉, 같은 책, 93~94쪽.

13) 〈從事詠蘇鐵樹韻〉 부분, 같은 책, 93쪽.

독사가 침입하여	毒虺兮憑陵
달아난 고래 물을 잃었네.	奔鯨兮失水
승냥이 이리 주둥이 놀려 피가 낭자하고,	豺狼鼓吻以流血
사나운 맹수 으르렁대며 그치지 않네.	猰貐猖狂其未已
슬프게도 안토쿠 천황 치패하여,	哀安德之見尯
양구(陽九)의 비색함을 만났네.	遭陽九之極否
조고(祖姑)의 등에 업혀	托姑婆之背上
천 길 검푸른 바다 속에 나아갔네.	赴千尋之黝碧
나이 8세에 무엇을 알았으리.	年八歲兮何知
다만 저 아득한 푸른 파도뿐이었다네.	但彼蒼之邈邈.
붉은 해 가물가물 슬픈 바람 애처로우니	白日點兮悲風慘
풍이(馮夷)가 이 때문에 눈물을 훔쳤네.	馮夷爲之雪泣
오랑캐 부녀 순절한 것 더욱 가상하니,	況蠻婦伏節之尤可尙兮
적관(赤關)은 우뚝하고 연포(硯浦)는 아득하네.	赤關峩峩兮硯浦茫茫
사당을 세워 장엄히 유상(遺像)을 두니,	立孤祠兮儼遺像
천추만세토록 한을 전하네.	千秋萬歲兮流恨長
바닷가 구름 시름겹고 바닷물 깊은데	海雲愁兮海水深
어룡이 울부짖자 혼백이 흩어지네.	魚龍叫嘯兮魂魄飄揚
배 멈추고 오래도록 머뭇거리니,	停蘭舟兮久夷猶
겹겹 파도 거슬러 와 슬픔을 더하네.[14]	遡層波兮增悲傷

박재가 안토쿠천황에 대한 시를 쓰게 된 동기는 오윤겸의 사행록
을 통해 알 수 있다. 거기에 〈(…)송운(松雲)이 칠언절구 네 수를 지어
묘하(廟下)에 남기었으므로 부사가 그 시에 차운하여 보이며 화작(和

---

14) 〈弔安德祠文〉, 같은 책, 105~106쪽.

作)을 구하였다[(⋯)松雲作七言絕四首留廟下, 副使次其韻以示求和]〉라는 시
제가 보인다. 즉, 안덕사에서 송운(사명당)의 자취를 발견하고 이에 화
답하여 같은 대상에 대해 재차 읊은 것이다. 오윤겸의 기록을 통해
박재가 위 작품 외에도 칠언절구 네 수를 더 지었음을 알 수 있는데,
『동사일기』에는 남아 있지 않다.

　위 작품에서 박재는 아무것도 모르는 어린 임금의 죽음을 안타까
워하고, 손자를 업고 물에 빠진 '오랑캐 여인'의 지조를 칭찬하고 있
다. 첫 구의 '관과 신이 뒤바뀌었다'는 말은 은연중에 천황과 관백의
관계를 빗대고 있는 말이다. 그가 안토쿠천황을 위로하는 이유는 임
금으로서 신하에게 죽임을 당했기 때문인 것이다. 그에 비해 위 시에
차운한 정사 오윤겸의 시는 "하늘에 두 해는 없는 법인데, 천황이라
함은 누가 둔 것인가.[天無二日兮, 日天皇兮誰所置.]"라고 하여 '천황'이
라는 호칭이 참람됨을 지적하고 있다. 실상과 명칭이 어긋난 데다 나
이가 어려 유약하기까지 했으니 그러한 비극을 맞은 것도 이상할 것
이 없다는 내용이다. 일본의 과거 사적을 읊으면서 동시에 당대 일본
의 정치구조를 비판하고 있다는 점에서는 동일하지만 비판의 초점은
두 사람이 달랐던 것이다.

　위 작품 외에도 달밤의 풍경, 정원의 시냇물, 치자나무, 가을날의
분위기 등 여행지의 풍광과 이국의 경치에 대한 묘사가 담긴 시들이
다수 있다. 사행의 노정이 제한되어 있어서 묘사의 대상이 바다 풍경
과 쓰시마와 교토의 관소 주변의 물상으로 국한되었다는 점이 아쉽긴
하나, 각 편의 묘사가 하나하나 세밀하고 정취가 있다. 특히 하뢰를
지나며 읊은 사(辭)는 해로의 풍광과 사신으로서의 감회 및 우국의 정
이 곡진하게 표현된 작품이다. 일본의 사적을 소재로 당시 일본의 정

치구조를 우회적으로 비판하고 있는 안덕사 추모사 또한 통신사 교류
사에 있어 의미 있는 작품으로 꼽을 만하다.

2) 회고의 정과 사신의 임무

박재 기행시의 가장 두드러지는 특성은 포은 정몽주의 시에 차운
한 작품이 많다는 것이다. 58수 중에서 13수가 포은 시에 대한 차운이
다. 해당 작품의 제목과 원운의 제목을 제시하면 아래 표4와 같다.

〈표 4〉 박재의 차운시와 포은의 원운

	날짜	박재의 차운	포은의 원운
1	7월 13일	病臥馬島館中次圃隱先生宿登州韻	三月十九日 過海宿登州公館 郭通事金押馬船阻風未至 因留待
2		次圃隱先生蓬萊館韻	蓬萊驛示韓書狀【名尚質】
3	7월 15일	次圃隱先生韻	龍山驛
4		又次圃隱先生韻	黃山驛路上
5		又次先生韻	書諸橋驛壁上
6		又次先生韻	萊州海神廟
7		又次	萊州海神廟
8		次圃隱先生韻	膠水縣別徐敎諭【宣】
9	7월 27일	次圃隱先生韻	客夜在丘西驛
10	7월 29일	次圃隱先生韻	四月初一日高密縣聞罵
11		又次	次韓揔郎鴨綠江詩韻
12		次圃隱先生延日縣韻	日照縣
13		又次	飲酒

특기할 점은 박재가 차운한 정몽주의 시가 그의 일본 사행시인 ≪홍

무정사봉사일본작(洪武丁巳奉使日本作)≫이 아니라『포은집(圃隱集)』에 수록된 다른 작품들이라는 점이다. 위 정몽주의 작품들은 『포은집』 권지일에 수록된 것들이다. 박재가 가장 먼저 차운한 〈숙등주(宿登州)〉는『포은집』권1의 가장 첫머리에 놓인 시이고, 마지막 시 〈음주(飲酒)〉까지 12수가 권1의 앞부분에 차례대로 실려 있다. 〈래주해신묘(萊州海神廟)〉에 두 차례 차운했기 때문에 차운시는 13수이고 원운은 12수가 된다. 이를 통해 알 수 있는 것은 박재가 우연히 정몽주의 시를 기억해 내고 그에 차운한 것이 아니라 처음부터 정몽주의 작품에 하나하나 차운할 계획을 갖고서 사행을 떠났다는 점이다. 포은의 원운을 모두 외우고 있었다고 할 수도 있으나, 행중에『포은집』을 챙겨 가서 시간이 날 때마다 열어보고 차운하였다는 쪽이 더 가능성이 있다. 포은에 대한 박재의 추모의 정이 여느 사신들에 비해 유독 깊었음을 알 수 있다.

정몽주는 1377년 왜구 금압과 관련된 문제로 일본 규슈(九州) 지역에 사신으로 파견되었다. 고려 말의 일본 사행은 나흥유(羅興儒)의 경우에서도 알 수 있듯이 죽음을 각오하고 떠나야 할 만큼 위험한 임무였다. 이때 정몽주는 반대파에 의해 일본 사신으로 추천을 받았는데, 의연히 그 직임을 받아들였을 뿐 아니라 규슈탐제(九州探題) 이마가와 료슌(今川了俊)을 설득하여 왜구 금제에 있어 상당한 성과를 거두고 많은 수의 포로를 쇄환해 왔다. 이러한 연유로 정몽주는 후대 통신사들 사이에서 외교사절의 전범(典範)이 되었는데, 무엇보다 그 자신의 인격과 덕(德)으로 일본인을 교화하여 사신의 임무를 성공적으로 수행하였다는 점에서 칭송받았다. 정몽주가 일본에서 지은 사행시 역시 두고두고 회자되었고, 그의 ≪봉사일본작≫ 11수 및 일본에서 지었다는

〈유관음사(遊觀音寺)〉, 〈재유시사(再遊是寺)〉 두 수는 이후 ≪해행총재≫
에『정포은봉사시작(鄭圃隱奉使時作)』이라는 제목으로 수록되었다.

정몽주의 이러한 사적은 후대 통신사들의 사행기록에 빠지지 않고
등장하였다. 통신사는 정몽주가 다녀갔다는 규슈의 패가대(霸家臺),
곧 하카타(博多)에 이를 때마다 그의 사적을 떠올렸으며, 이를 소재로
시를 짓곤 하였다. 1636년 통신사의 부사 김세렴(金世濂)과 1643년 의
부사였던 조경(趙絅), 1655년의 종사관 남용익(南龍翼)부터 1763년의
정사 조엄(趙曮)까지 정몽주의 외교성과를 추숭하며 그를 본받고자 하
는 내용의 사행시를 남겼다. 정몽주의 사행시 가운데 "매화 핀 창가엔
봄빛 이르고, 판잣집엔 빗소리 요란하네.[梅窓春色早, 板屋雨聲多.]"라고
한 구절은 후대 시화집에서 빈번히 거론되면서 특히 더 유명해졌다.
그 외에 일본의 풍속을 묘사한 시구들도 후세인의 칭송을 받았다. 절
의지사요 뛰어난 외교관이면서도 특색 있는 이국 풍물을 포착하는 솜
씨도 보통이 아니었다는 점에서다.[15]

박재의『동사일기』에서도 그러한 예를 찾아볼 수 있다. 오윤겸이
"梅窓春色早, 板屋雨聲多."라는 구절을 떠올리고 시를 짓자, 박재가
그 시에 화답하여 또 한 수를 지었다. 아래는 각각 오윤겸과 박재의
작품이다.

판잣집 빗소리 읊은 포은(圃隱)의 시를 　　　　　板屋雨聲圃隱詩
평소 읊은 적은 있지만 알지 못했었네. 　　　　　平生曾詠未曾知

15) 이상 후대 통신사들의 정몽주 인식에 대해서는 강지희, 「조선시대 통신사들의
포은(圃隱) 정몽주(鄭夢周) 인식 -『해행총재(海行摠載)』소재 관련기록을 중심으
로」, 『포은학연구』제11집, 포은학회, 2013, 45~75쪽.

지난밤 오랑캐 관사에서 그 정경을 만나니,　　　昨來蠻館逢其境
비로소 당시가 곧 이때와 같았음을 알게 되었네.　始覺當時卽此時
　포은의 시에 "매화 핀 창에는 봄빛 일찍 오고, 판잣집이라 빗소리 많이 들리네.[梅
牕春色早, 板屋雨聲多.]"라는 구가 있다.16)

포은께서 동으로 사행 가며 이 시를 지으셨으니,　圃老東行有此詩
하늘에 닿은 높은 절의를 오랑캐가 알 것이네.　　薄雲高義外夷知
지금 사신의 부절 가지고 선조의 자취를 따르니,　如今持節尋先躅
판잣집 차가운 빗소리는 옛 적과 같구나.　　　　板屋寒聲似舊時
　포은은 나에게 있어 먼 외조부이시므로 '선조'라 한 것이다.17)

　　예로 든 박재의 시 끝에는 박재가 특히 더 정몽주에 대한 추숭의
마음이 컸던 이유가 밝혀져 있다. 박재 스스로 정몽주를 '외원조(外
遠祖)'라고 말하고 있는 것이다. 본디 일본 사절의 전범으로 추숭되
던 정몽주가 자신의 선조이기도 했으니, 박재에게 일본 사행은 선조
의 옛 자취를 좇는다는 의미가 있었던 것이다. 위 두 작품은 포은의
시구를 소재로 한 것으로, 포은 시에 대한 차운은 아니다. 아래 작
품은 박재의 포은 차운시 가운데 해당 구절("板屋雨聲多")을 인용한
부분이다.

봄 지나자 사립문에 바람 급해지고,　　　春過松扉風勢急
가을 깊어지자 판잣집에 빗소리 드세네.　秋深板屋雨聲驕

---

16) 〈上使所吟馬島館中聽雨〉, 박재 지음·김성은 옮김, 69쪽.
17) 〈次上使韻〉, 같은 책, 69~70쪽.

| 사계절의 바뀜이 구름의 변화와 같으니, | 四時變易如雲化 |
| 고금의 흥망성쇠 얼마나 아득한가.[18] | 今古虧盈見豈遙 |

　세월의 무상함과 고금흥망에 대한 회고를 담은 시로, 인용한 구절
은 경련과 미련 부분이다. 쓰시마의 류호인에 머물던 7월 29일의 시
인데, 이틀 전인 27일의 일기에 "밤에 비바람이 크게 몰아쳐서 판자지
붕이 다 들리고 기와가 전부 날아갔"다고 하였다. 비는 다음날 저녁까
지 이어졌다. 판자 지붕의 빗소리를 실컷 들은 뒤에 쓴 시인 것이다.
　본래 차운시는 원운의 운자뿐 아니라 제재 및 분위기까지도 그대
로 빌려오는 경우가 많다. 그러나 단지 글자만 빌려와서 완전히 새로
운 작품을 쓰는 방식도 있었다. 박재의 포은 차운시는 후자에 속한다.
포은에 대한 회고의 정을 표출하는 시구가 발견되기는 하지만, 그것
은 포은의 원시와는 무관한 정서이다. 따라서 박재의 포은 차운시에
는 일본의 경물을 묘사한 것도 있고 나그네의 객수나 사신의 감회를
읊은 것들도 있다. 또 앞의 예처럼 포은 차운시가 아닌 작품에서 포은
을 언급한 예도 있다. 물론 포은 차운시에서 포은에 대한 흠앙을 표현
한 시도 없지 않다. 아래가 그러한 예이다.

큰 덕으로 황량한 일본을 감싸,	大德包荒日
이역에서 시속을 바꾸었네.	殊方革面時
새의 말을 어찌 알리오.	鳥言那得解
오랑캐 족속들 가장 알기 어려워라.	蠻屬最難知

---

18) 〈次圃隱先生韻〉 부분, 같은 책, 99~100쪽.

바다 건너 고상한 선비를 알리고,　　　　　　　蹈海聞高士

뗏목 타고서 성현을 징험하였네.　　　　　　　乘桴驗聖師

초연히 사방을 경영할 뜻 품었으니,　　　　　　迢然四方志

어찌 떠도는 신세를 탄식하겠는가.19)　　　　　寧自歎羈離

　위 시에서 묘사한 '큰 덕으로 일본을 감싸고 오랑캐 땅에 고상한 선비를 알려 성현을 징험한 자'는 박재 자신이 아니라 정몽주를 가리키는 것이다. 사방을 경영할 뜻을 품고 나그네 신세를 달갑게 받아들였던 인물 역시 정몽주였다. 물론 박재 자신이 그러한 포은의 모습을 마음에 담고서 그 자취를 따르겠다는 뜻이 담겨있는 것임도 분명하다. 포은의 자취를 더듬는다는 것은 사신으로서의 막중한 책임감을 절감하고 있었다는 뜻이다. 새소리 같은 알 수 없는 언어를 가진 오랑캐 무리들을 큰 덕을 가진 조선의 선비가 교화하는 것, 그것이 사신의 임무였다. 공자가 뗏목을 타고 동쪽으로 가겠다고 한 것이나 기자가 조선 땅을 찾아와 풍속을 교화한 것처럼 일본을 가르칠 필요가 있다고 본 것이다.

　이처럼 회고의 정서는 자신의 임무에 대한 재확인으로 이어진다. 비록 이역만리의 험한 길이지만 오랑캐를 교화하고 왕풍을 퍼뜨린다는 사명을 띠고 나선 여정이기에 어려움을 감수하고 자신의 책무를 다하겠다는 다짐이다. 또한 그러한 다짐은 임금에 대한 끝없는 충절의 표출로 나타난다.

---

19) 〈次圃隱先生韻〉, 같은 책, 87~88쪽.

오직 충신(忠信)과 독경(篤敬)으로 함께 하니,	惟忠信篤敬以相將
복을 구함이 삿되지 않도다	騫不回於求福
(… 중략 …)	
해국(海國)을 바라보니 아득하기만 한데,	眄海國兮微茫
장안(長安)을 바라봄에 어느 곳이던가.	望長安兮何處是
보국할 겨를도 없으니,	惟報國之未遑
어찌 명예와 이익에 골몰하겠는가.	豈營營於名利
앞길이 아직도 아득하니,	想前道猶渺渺
푸른 파도에 임하자 저녁 바람 불어오네.	臨滄渡兮夕風起
북극은 멀고 남명은 깊으니,	北極遠兮南溟深
하루에도 아홉 번 속이 뒤집히네	嗟一日兮九迴腸
백년의 우환과 즐거움 반반이니,	百年憂樂兮相半
어찌 오랑캐 땅에서 지체하랴.	胡然滯迹於蠻鄉
금침(衾枕)을 물리치고 달빛 아래 걷노라니,	推衾枕兮步庭月
심사가 요동쳐서 밤에도 다하지 않는구나.	思搖搖兮夜未央
안위를 쉽게 꾀할 수 없으니,	在夷險兮不可易圖
호랑이 꼬리를 밟고 뱀을 만지는 형세로구나.	履虎尾兮觸蛇蜴
돛은 신의 있고 노는 용감하니,	碇信美兮楫膽勇
한 마디 말로 흉도들 복종시킬 것을 생각하노라.[20]	思一言兮服凶擊

끝내 강호에서 버려진 물건이 되려 했더니	終擬江湖爲棄物
어찌 창해에서 멀리 노닐 줄 알았으랴	那知滄海作遐遊
나그네 혼은 구름과 파도 막힌 줄 모르고	羈魂不道雲濤隔
밤마다 궁중 향해 임금님께 절하네.[21]	夜夜丹墀拜玉旒

---

20) 〈次從事足下過下瀨辭〉 부분, 같은 책, 62~63쪽.
21) 〈又次圃隱先生韻〉 부분, 같은 책, 75쪽.

천지간에 양 귀밑머리 세었고   乾坤雙雪鬢

창해에 바람 따라 떠다니는 부평초 신세라오.   滄海一風萍

한나라 절부는 위엄과 신의를 매달았고   漢節懸威信

장건(張騫)의 뗏목은 아득한 곳 가리켰다네.   張槎指杳冥

밤들어 고개를 들어보니   夜來頗擧目

명철하신 북극성 있도다.[22]   北極哲明星

　당시 동아시아는 임진왜란과 명청 교체의 여파로 불안한 정세가 이어지고 있었다. 일본과 국교를 회복하긴 하였으나 그들의 진의를 알 수 없었던 만큼 사절 파견에 있어서도 신중을 기할 수밖에 없었다. 1617년에는 1607년의 첫 번째 회답겸쇄환사 파견 때와는 달리 피로인 쇄환도 여의치가 않았다. 1607년에는 막부와 쓰시마의 공조 하에 적극적으로 포로 쇄환이 이루어졌고 피로인들의 귀환 의지도 컸으나, 1617년에는 자발적 쇄환이 원칙이었고 시간이 어느 정도 지나서 일본에 정착한 포로들의 수도 많아졌기 때문이다.[23] 즉, 이때는 여전히 전쟁의 마무리가 끝나지 않은 상태에서 사신들이 그 뒤처리를 위해 만단으로 애써야 했던 시기였다. 그 때문에 일본은 침략적 근성을 가진 열등한 오랑캐 나라로 인식되었고, 왜구 금압을 위해 정몽주가 목숨을 걸고 도일했던 것처럼 비장한 심정으로 사행에 임해야 했던 것이다.

　인용한 세 작품 가운데 첫 번째 예에서 박재는 당시의 상황을 "호랑

---

22) 〈次金鶴峰壽景十韻〉 부분, 같은 책, 97~98쪽.

23) 구지현, 「임진왜란(壬辰倭亂) 피로인(被擄人)에 대한 회답겸쇄환사(回答兼刷還使)의 인식 변화」, 『한국어문학연구』 제63집, 한국어문학연구학회, 2014, 41~52쪽 참조.

이 꼬리를 밟고 뱀을 만지는 형세"라고 묘사하고 있다. 그러므로 사신의 임무는 신(信)과 용(勇)을 갖추고서 일언(一言)으로 흉도들을 설복시키는 것이다. 오랑캐 나라에 사신 가는 것이기에 충신(忠信)과 독경(篤敬)으로 임해야 한다. 이러한 사신의 임무를 떠맡은 것은 사적인 영달을 구해서가 아니라 보국(報國)을 위함이다. 두 번째와 세 번째 시에서 화자는 창해에 떠도는 부평초와 같은 신세를 한탄하면서 동시에 임금의 은혜를 떠올리며 의지를 다지고 있다. 장건(張騫)의 비유는 후대의 통신사 사행시에도 자주 등장하는데, 대개 황하의 근원을 찾으러 갔다는 식으로 낭만적으로 묘사되는 소재이다. 그러나 위 세 번째 시에서 장건은 한나라 황실의 위엄과 신망을 내걸고 이역으로 떠나는 근엄한 인물로 그려지고 있다. 양국관계에 잔존하고 있던 긴장감과, 이러한 상황 속에서 사행을 떠나는 사신의 책임감이 이와 같은 시적 표현을 통해 드러나고 있는 것이다.

3) 일본 승려와의 시문 교유

『동사일기』에서 종방(宗方)으로 지칭되는 기하쿠 겐포(規伯玄方)는 하카타 출신의 제2대 이정암승이다. 임진왜란 이전부터 줄곧 조선과의 외교를 담당했던 게이테쓰 겐소(景轍玄蘇, 1537~1611)의 제자이다. 겐포는 1622년 도쿠가와 이에미쓰(德川家光)의 습직을 알리기 위하여 조선을 방문하였으며, 1617년에 이어 1624년에도 회답겸쇄환사의 접반승으로 활동하였다. 1629년 2월 왜관(倭館)에 들어와 일본국왕사(日本國王使)라고 하며 상경을 요구하였고, 결국 상경에 성공하여 조선 내부 정세 및 명과 후금의 동향 파악이라는 목적을 달성하였다. 그는

1635년 발각된 쓰시마의 국서개찬사건(國書改竄事件)에서 줄곧 쓰시마 측을 두둔하였고, 이에 대해 책임을 지고 모리오카번(南部藩)으로 유배되어 그곳에서 24년을 살았다. 요컨대 겐포는 외교승으로서 이 시기 조일관계에서 특히 주요한 역할을 했던 인물이었다.

『동사일기』에는 박재와 겐포(이하 '종방'으로 지칭)의 시문 교유의 정황이 담겨 있는데, 당시 양국 문인의 문학 교류가 거의 없었다는 점에서 주목할 만한 기록이다. 박재가 종방과 주고받은 시들은 친교(親交)가 목적이 된 시로서, 시의 내용 역시 이러한 목적과 무관하지 않다. 즉, 시문 교유의 기쁨, 혹은 상대에 대한 칭찬과 감사 표시가 그대로 시의 주제가 되는 것이다. 이러한 친교 목적의 창수시는 18세기 이후 통신사 문화 교류가 활발해지면서 엄청난 수량으로 창작되게 된다. 그러나 회답겸쇄환사 시기에는 그러한 창수시 자체가 희귀한 것으로서, 박재와 종방의 창화시는 통신사 시문창화 전통의 원류(原流)를 보여준다는 의의가 있다.

앞서 살펴보았듯이 박재의 시문 가운데 10수가 일본 문인에게 증정한 시이고, 그 중 7수가 종방에게 준 시이다. 종방이 7월 17일 처음으로 통신사에게 시를 한 수 바쳤고, 이에 대해 박재가 18일과 24일 두 차례 차운하였다. 이에 앞서 7월 15일 박재는 포은의 시에 차운한 시를 종방에게 보내주었는데, 이는 종방이 먼저 포은의 기행시 3수를 써서 보내주었기 때문이다.[24] 종방의 시와 박재의 화답시 2수가 7월 25일 일기에도 수록되어 있는데, 종방이 그 시를 언제 보냈는지는 나와 있지 않다. 8월 4일과 9월 1일 일기에는 박재가 종방에게 증정한

---

24) 이에 대해서는 이상규의 논문에서도 언급한 바 있다. 이상규, 99쪽 참조.

시가 한 수씩 실려 있는데, 종방의 화답시는 없다.

양국인의 창화시는 그 주제가 상대에 대한 칭찬이라는 점에서 대체로 비슷한 전개를 보이지만, 구체적으로 어떤 점에 초점을 맞추어 시상을 전개하는지는 각 시마다 다르다. 먼저 박재가 포은의 시에 차운하여 종방에게 보낸 작품을 인용한다.

하늘에서 품부 받은 것은 모두 같으니	天賦皆同得
오랑캐 고을에도 훌륭한 사람이 있다오	蠻鄕亦有人
정성을 다해 교화되기를 바라고	馳誠則慕化
예를 다하여 손을 즐겁게 하네	盡禮解娛賓
금빛 주발에 진수성찬 벌여 놓고	金椀羅珍饌
은빛 병풍에 여러 겹 자리를 마련하였네	銀屛設累茵
그 누가 작은 섬 안	誰云小島裡
풍속이 아직도 인색하다 하겠는가.[25]	風俗尙慳貧

이 시는 「종방에게 답한 편지」의 끝에 적혀 있다. 박재가 종방에게 정몽주의 사적 및 자신의 외증조부인 권주(權柱)가 쓰시마에 왔던 일에 대한 기록을 문의하였는데, 이에 종방이 포은의 기행시 3수를 보내주었기에 그에 대한 답례로 이 시를 보낸 것이다. 박재는 종방에게서 기행시를 받고서 "이는 저로 하여금 읊고 감상하면서 추념하게 하였을 뿐만이 아니라, 서재에서 그치지 않고 남은 풍모를 흠모하고 계심을 족히 알 수 있었습니다."[26]라며 그 기쁨을 표했다. 그러면서 자

---

25) 박재 지음·김성은 옮김, 75쪽.
26) 같은 책, 74쪽.

신의 소록(小錄)에서 취하여 작은 정성을 보인다고 하며, 예물과 함께 포은의 시에 차운하여 지은 작품을 보냈는데 그것이 위 시이다. 포은에 대한 회고의 정이 양국 문인 간의 가교가 되고 있음을 볼 수 있다.

이 시는 사신을 정성스럽게 대접해 준 종방에 대한 감사와 칭찬의 내용으로 이루어져 있다. 그런데 미묘한 점은 그러한 칭찬이 상대에 대한 경모와 흠앙의 어조를 띠고 있지 않다는 것이다. 뒤에서 살펴보겠지만 다른 창화시에서 종방은 속세와 거리를 둔 선사(禪師)의 모습으로 형상화되고 있으나 위 시에서는 군자의 교화를 받아 인색한 풍속을 고친, 오랑캐 가운데 뛰어난 사람으로 묘사되고 있다. 비록 오랑캐지만 하늘에서 품부 받은 성정은 모두 동일하므로 이 사람이 포은과 같은 고상한 선비를 경모하여 예(禮)를 알게 되었다는 것이다. 사신을 정성스럽게 대하는 그의 모습은 바로 포은의 여풍(餘風)이 쓰시마의 풍속을 바꾼 증거이다. 위 시가 말하고 있는 것은 이러한 것이다.

종방의 답서가 없기 때문에 이 시가 실제로 종방에게 전달되었는지는 정확히 알 수 없다. 종방이 이 시를 읽었다면 화자인 박재가 군자국의 선비로서 종방을 가르치는 입장에 서 있고 청자인 종방을 그것을 배우는 오랑캐 고을의 백성이라는 위치에 놓여있다는 사실에 대해 어떻게 생각했을까. 내심으로는 불쾌해했을지 모르나 그도 겉으로는 어느 정도 수긍했을 것이다. 이때 종방은 이정암 장로에 취임한지 이미 여섯 해가 되었으나 그래도 갓 서른이 된 젊은이였고, 한시를 쓰는 것도 서툴렀다. 그렇기에 통신사에게 시를 바칠 때에도 배우는 입장이 될 수밖에 없었다. 다음은 종방이 통신사에게 보낸 첫 번째 시이다.

윤음(綸音)을 알리러 바다를 건너오시니	特報綸音超海來
사신께서는 관대한 마음 지니셨으리라	使華應自且寬懷
지난날의 이런저런 사정들을 의심하지 마시고	休疑往日情無准
오늘날 일이 잘 이뤄질 거라 믿으소서	須信今朝事有諧
나그네길 채찍 잡아 재촉하심이 마땅하지만	宜把客鞭催打着
여정 중 잠자리에 편히 쉬심이 좋습니다	好將旅枕頓安排
돌아갈 날이 국화 필 때로 정해져 있으니	歸期定在黃花節
망사대(望思臺)에 오르실 필요 없을 것입니다	不必登臨望思臺

망향대(望鄕臺)로 고치게 하니, 종방이 머리를 조아리며 떠나갔다고 한다.[27]

사신들의 불안을 잠재우고 객수를 위로하는 내용이다. 마지막 구의 '望思臺'라는 시어가 아무래도 어색하여 박재(혹은 이경직)가 이를 '望鄕臺'로 고치게 했다고 한다. 종방은 시를 증정하면서 필삭(筆削)을 구한다고 하였다. 이는 남에게 시를 줄 때 의례적으로 덧붙이는 말인데, 실제로 산삭을 받게 되었던 것이다. 박재의 위 기록에는 종방이 지적을 받고 감사해하며 떠났다고 되어 있으나, 이경직에 의하면 그가 승복하지 않고 "음운의 고저 때문에 망향대로 하려다가 망사대로 고쳤다"고 변명하였다고 한다.[28] 또, 종방이 비록 승도들은 술을 경

---

27) 같은 책, 78~79쪽.
28) 젊은 중에게 이르기를, "가지고 온 시가 매우 아름답다. 다만 '망사대(望思臺)' 세 글자는 음운(音韻)의 고저에 맞지 않을 뿐만 아니라, 망사(望思)라는 뜻도 적절하지 않은 것이 있는데, 주승(主僧)이 어찌 생각하지 못했을까?"하니, 젊은 중이 말하기를, "망향대(望鄕臺)라 하려고 하다가 음운의 고저가 잘못 될까 염려한 까닭으로 이와 같이 한 것입니다."하였으니, 또한 망사(望思)라는 사(思) 자도 실로 평측(平仄)에 어긋남을 몰랐던 것이다.[語少僧曰: "來詩甚佳. 但望思臺三字, 非但平卽有誤, 望思之意, 有不然者. 主僧豈未之思也." 小僧曰: "欲曰望鄕臺, 而恐失平卽, 故如是下字云." 亦不知望思之思, 實非平卽也.] (이경직, 『부상록』, 7월 17일, 한국고

계하지만 손님을 접대할 때에는 그것을 폐할 수 없다고 하자, 이경직이 "바람과 파도가 만 리에 있어 배로 가기가 몹시 어려우니, 바다를 건널 수 있는 술잔을 얻고자 합니다."라고 농담을 했는데 종방이 이해하지 못했다고 한다.[29] 이처럼 종방은 한시의 소양이 다소 부족했던 인물이었기에 통신사와의 시문 교유에서도 배우는 입장에 놓일 수밖에 없었던 것이다.

그러나 다른 날 증정한 시에서 박재는 양국의 우호를 바라고 종방의 풍모를 예찬하고 있다.

<blockquote>

강절(絳節) 지니고 멀리서 일역(日域)으로 오니   絳節遙臨日域來

봉래산 만 리에 나그네 회포 트이네.   蓬壺萬里豁羈懷

옛 원한 버리고 화친하니 교린의 돈독함 보았고 輪平已見交隣篤

폐백의 예 닦으니 사행이 잘 이뤄질 것 알겠네. 修幣應知使事諧

돛 내린 저문 물가에 금빛 기둥 비치고   帆落暮汀金柱暎

구름 걷힌 저물녘 섬들은 옥비녀처럼 늘어섰네. 雲收晚嶼玉簪排

선사가 청아하게 앉아 읊조리는 곳에   想師淸坐孤吟處

바람은 성긴 창에 가득하고 햇빛은 누대에 가득하네.[30] 風滿疎櫺日滿臺

</blockquote>

수련에서 사신의 직함을 띠고 일본에 왔음을 말하였고, 이어 함련에서는 전쟁 이후 단절된 국교를 다시 맺어 우호가 돈독해졌고 예를

전종합DB)

29) 박재 지음·김성은 옮김, 73~74쪽.

30) 〈次宗方韻〉, 같은 책, 79쪽.

제대로 갖추어 사행의 일이 성공적으로 완수되었음을 읊었다. 양국의 평화가 다져지니 눈앞에 펼쳐지는 저녁풍경도 찬란하고 곱다. 미련에서는 햇빛 가득한 누대에서 바람을 맞으며 선사(종방)가 청아하게 시를 읊는 장면을 그려내면서 시상을 마무리하였다. 다소 직서적(直敍的)인 종방의 원운과 비교할 때 외교적인 수사가 정경(情景) 및 인물묘사와 절묘하게 어우러져 있는 점이 돋보인다고 하겠다.

박재는 또한 종방에 대하여 "사계(沙界)에서 원통(圓通)의 힘 보았으니, 신령한 경지에 한 점 티끌도 없도다.[沙場已見圓通力, 靈境應無一點塵]"31), "바람 앞 옥수(玉樹)는 본래 흠이 없고, 눈 위에 빙호(氷壺) 속세먼지 멀리 끊었다오.[風前玉樹元無累, 雪上氷壺迴絕塵]"32), "시선(詩仙)의 수려한 시구 속세를 놀라게 하고, 시승(詩僧)의 고아한 풍모 어리석음을 일깨우네.[詩仙綺語尤驚俗, 韻釋高風更起愚]"33)와 같은 말로 칭송하고 있다. 선승의 고매한 인품과 시승의 운치 있는 풍모에 대한 칭송이다. 또, 그를 왕희지(王羲之) 등 문인들과 어울렸던 동진(東晉)의 고승(高僧) 지둔(支遁)에 빗대기도 하였다.34) 그가 승려라는 점에서 선적인 풍모를 칭찬한 것이고, 불승으로서 시를 쓸 줄 안다는 점에서 시선(詩仙)으로 추켜세운 것이다. 친교를 위한 창화시이기에 다소 과장이 섞인 표현이 사용된 것이다.

종방과의 창화시 외에 종청(宗淸), 종전(宗全), 종원(宗元)에게 써준 박재의 시도 17세기 초 통신사의 시문 교유의 실제를 보여주는 중요

---

31) 〈次〉 부분, 같은 책, 95쪽.
32) 〈又次〉 부분, 같은 책, 96쪽.
33) 〈贈宗師〉 부분, 같은 책, 103쪽.
34) 같은 책, 88쪽.

한 자료가 된다. 아래는 종청에게 준 시이다.

방장실(方丈室)에 맑은 향 가득하고	方丈淸香蠱
빈 뜰에 녹죽만 우거졌네	空庭綠竹猗
부들방석에 햇빛 고요하고	蒲團白日靜
새는 소나무 가지에 그윽이 앉았네.35)	幽鳥在松枝

위 시는 8월 30일 일행이 머물고 있던 다이토쿠지의 승려 종청36)이 감[柿子] 15개를 가져와서 바쳤기에 이에 대한 보답으로 써준 것이다. 즉, 종청이 시를 바쳐서 이에 차운해 준 것이 아니라, 상대방의 성의에 대한 사례로 보낸 예물인 셈이다. 고요한 절간의 맑은 풍광을 읊은 것으로, 시상 자체는 특별할 것이 없다.

아래 두 편의 시는 각각 종전(宗全)과 종원(宗元)에게 써준 시이다. 두 사람 모두 다이토쿠지의 승려로, 9월 2일 일기에 두 작품이 나란히 실려 있다.

차가운 달빛과 서리 새벽하늘에 가득하니	苦月嚴霜滿曉天
이향의 풍물이 더욱 쓸쓸하구나	異鄕風物轉蕭然
황화(黃化)와 녹주(綠酒)를 주관하는 이 없으니	黃花綠酒無人管
가절(佳節)에 도리어 백발의 나이만 한탄하네.37)	佳節還嗟白髮年

---

35) 같은 책, 126~127쪽.

36) 시 제목은 〈감당사(甘棠寺) 승려 종청에게 주는 절구[贈甘棠寺僧宗淸絕句]〉이다. 감당사는 감당원(甘棠院)인데, 대덕사 경내에 있는 부속 사원의 하나이다.

37) 〈次大德寺僧人宗全〉, 같은 책, 132~133쪽.

큰 바다 바람 부는 파도가 아득히 하늘에 닿는데　　鯨海風濤渺接天
역매(驛梅)를 누가 보내 한 가지 봄소식 전했나　　驛梅誰遣一枝傳
선사 만나 지금 맑은 담화 열리니　　逢師卽今開淸話
이역에 하루가 한 해 같던 심사를 다소 위로하네.[38]
　　　　　　　　　　　　　　　　　　　少慰殊方日似年

　두 편 모두 차운시인 것으로 보아 두 승려가 먼저 시를 지어 보냈고, 이에 박재가 화운하여 보낸 것임을 알 수 있다. 앞의 시는 가을날의 객수를 읊고 있다. 아마 종전의 원운에서 사신들이 고향을 떠나 이역에서 가을을 맞이하게 되었음을 위로하는 말이 있었을 듯하다. 두 번째 시는 만남의 기쁨을 말하고 있다. 승구의 '역매(驛梅)'는 남조 송의 육개(陸凱)가 역사(驛使)에게 부탁하여 친우(親友)인 범엽(范曄)에게 매화 한 가지와 시를 보낸 고사에서 나온 표현이다. 일본인들이 사신의 관소로 화초를 보내는 일이 종종 있었으므로 그에 대한 감사의 표현일 수도 있고, 종원이 사신들에게 시를 보낸 것을 역매의 고사에 빗대어 말한 것일 수도 있다.
　이 두 작품은 앞에서 인용한 종청에게 준 시와는 달리 상대가 보낸 원시에 화답하여 지은 작품이다. 원운이 남아 있지 않아 자세한 상황은 알기 어려우나, 이정암승 종방 이외의 다른 인물들과도 시문 교환이 이루어졌음을 확인할 수 있다. 이러한 예들은 통신사 파견 초기 양국인의 문학 교류의 맹아적 모습을 보여주는 흥미로운 사례이다.

---

38) 〈次僧人宗元〉, 같은 책, 133쪽.

4. 맺음말

박재는 1617년 회답겸쇄환사의 부사로 일본에 다녀와서 이때의 경험을 사행록『동사일기』로 남겼다.『동사일기』에는 저자 박재 및 다른 인물들의 시문 93수가 수록되어 있는데, 그 중 58수가 박재가 지은 작품이다. 박재의 사행시를 통해서 이 시기 회답겸쇄환사의 사행문학의 양상을 구체적으로 살펴볼 수 있다.

본문에서는 먼저『동사일기』의 시문 수록 양상을 개괄하고, 이어서 박재 사행시를 제재 및 주제의 측면에서 세 개의 유형으로 나누어 살펴보았다. 첫째는 여행지의 풍경과 일본 견문을 읊은 시이다. 여기에는 해로 풍광의 실감나는 묘사, 일본을 이적시(夷狄視)하는 태도, 일본 정치구조에 대한 우회적 비판 등이 포함된다. 둘째는 회고(懷古)의 정과 사신의 임무를 제재로 한 작품들이다. 특히 박재 스스로 자신의 '외원조(外遠祖)'라고 한 포은 정몽주의 시에 대한 차운시가 많다. 포은에 대한 회고의 정은 사신의 임무를 재확인하는 태도로 이어지고 있는데, 여기에서 회답겸쇄환사 파견 당시까지 상존하고 있던 양국관계의 긴장감을 엿볼 수 있다. 셋째는 일본 승려와의 시문 교유라는 측면이다.『동사일기』에는 일본 승려들에게 증정한 시가 10수 실려 있는데, 그 가운데 이정암 승려로 이 시기 조일외교에서 중요한 역할을 담당하였던 기하쿠 겐포(規伯玄方)에게 써준 것이 7수이며, 다이토쿠지 승려들에게 보낸 시가 3수이다. 이 작품들은 양국 문사의 교류가 활발해지기 이전이었던 17세기 초 통신사의 문학 교류의 맹아적 형태를 보여주는 사례로서 주목할 만하다.

이상의 논의는『동사일기』에 수록된 박재 사행시에 대한 개략적인 검토로서, 정사 오윤겸과 종사관 이경직의 사행시와의 비교를 통해 각 작품들의 함의에 대해 보다 세밀하게 논의할 필요가 있다. 그러한 작업을 통해 17세기 초 통신사 사행문학의 구체적 면모가 더욱 풍부하게 드러날 것이다. 본고는 우선 그동안 연구가 이루어지지 않았던 박재의 작품을 소개함으로써 1617년 회답겸쇄환사 사행문학의 한 모습을 그려내고자 하였다. 이번 논의를 계기로 통신사 문학 연구에서『동사일기』가 널리 활용될 수 있기를 기대한다.

박재 문중에 전하는
『회답사일기』의 형성과 의의

1. 머리말

조선 후기 에도막부에 사신을 보내기 시작한 것은 1607년이었다. 이 당시 사신의 명칭은 "회답겸쇄환사(回答兼刷還使)"를 사용하였고, 어디까지나 임시 사절의 성격이 분명하였다. "통신사(通信使)"라는 명칭을 사용하기 시작한 1636년 이후 일본 사행이 문화교류의 성격이 점차 강해졌던 것과 달리 포로쇄환(捕虜刷還)과 양국 외교의 정립이라는 정치적 현안이 더 중요한 목적으로 다루어졌다고 볼 수 있다.

세 차례 회답겸쇄환사의 사행록은 지금으로부터의 시간적인 거리가 먼 만큼 많이 남아있지 않다. 1607년 정미사행에는 경섬(慶暹, 1562~1620)의 『해사록(海槎錄)』이, 1617년 정사사행(丁巳使行)에는 오윤겸(吳允謙, 1559~1636)의 『동사상일록(東槎上日錄)』, 박재(朴榟, 1564~1622)의 『동사일기(東槎日記)』, 이경직(李景稷, 1577~1640)의 『부상록(扶桑錄)』이, 1624년 갑자사행(甲子使行)에는 강홍중(姜弘重, 1577~1642)의 『동사록(東槎錄)』이 사신이 쓴 기록으로 현전한다. 이 가운데 박재의 사행록은 『해행총재(海行摠載)』에 포함되어 있지 않다.

박재는 광해군의 외척 집안에 해당된다. 광해군(光海君)의 어머니 공빈 김씨(恭嬪金氏)와 박재의 형수가 자매지간이기 때문이다. 관직 생활 동안 박재는 광해군의 정치적 방향에 부합하는 태도를 견지하였고, 그 결과 홍문관의 공박을 받아 1616년 7월 충주로 낙향하게 되었다. 그런데 이듬해 4월 충주에서 통신사 부사에 지명되었다는 소식을 듣게 된다.[1] 앞서 추천된 후보들을 물리치고 다시 물망에 올려 낙향해 있던 박재를 임명한 것이다. 그에 대한 광해군의 신망이 매우 컸던 정황을 엿볼 수 있다. 그러나 사행 도중 병 때문에 고생하였기 때문에 사신의 임무를 적극적으로 수행하기 어려웠고, 사행록 역시 간략하게 작성될 수밖에 없었을 것이다. 이미 두 사신의 사행록이 실려 있기 때문에 비교적 간략한 박재의 사행록이 『해행총재』에서 제외되었을 가능성이 크다.

근래 연구에서 박재의 사행록이 간략한 편이지만 오윤겸, 이경직의 사행록에 비교하여 사행의 전체적인 면모를 파악할 수 자료라는 점이 지적되었고, 후손의 필사가 아니라 제삼자의 필사일 가능성이 제기되었다.[2] 이는 박재의 『해행총재』에 실려 있지 않더라도 집안에서 뿐 아니라 외부인들도 읽었다는 것을 의미한다.

그런데 더 주목할 만한 것은 박재 집안에 전하는 또 다른 사행 기록이다. 최근 이 기록이 영인 번역되어 출간되었다.[3] "丁未年回答使日

---

1) 이상규, 「1617년 회답부사 林梓의 『東槎日記』 고찰」, 『한일관계사연구』 55, 한일관계사학회, 2016, 83~112쪽.
2) 이상규, 앞의 논문.
3) 『雲溪 朴梓 先生이 쓴 朝鮮通信使日記 - 丁未·丁巳年 日本訪問記』, 충주문화원,

記"라는 내제가 붙은 부분과 "丁巳正月初三日"이라는 권두어로 시작되는 후반부의 기록을 둘로 나누어 2종이라고 소개하였으며[4] 별다른 설명이나 해제 없이 박재의 저작으로 간주하고 있다. 그런데 이 점은 상당히 의심스럽다. 정미년인 1607년은 박재가 참여했던 사행이 아니고, 정사년인 1617년 기록은 사행일기로 보기 어렵기 때문이다.

이 문헌이 박재의 집안에 전해오던 점을 미루어 보면 박재의 저작이 아니더라도 박재와 밀접한 관련이 있는 문헌임에는 분명하다. 더구나 자료가 거의 없는 첫 번째 회답겸쇄환사와 관련된 기록이 절반을 차지하고 있다. 이 문헌에 대한 학술적 접근이 제대로 이루어지지 않은 상황이나 회답겸쇄환사행의 면모를 알려줄 수 있는 자료라는 점에서라도 학술적 가치는 충분히 있을 것으로 짐작된다.

본고에서는 이 문헌의 구성을 검토하고 형성 과정을 추적하여, 어떠한 가치가 있는 지 고찰해보고자 한다. 이 시기에 관한 후속 연구가 입체적으로 이루어지기 위해서는 자료 검토가 우선되어야 하기 때문이다. 이하 이 문헌은 편의상 『회답사일기(回答使日記)』로 부르도록 한다.

2014.

4) "丁巳正月初三日"으로 시작하는 기록의 번역에 제목을 "丁巳年回答使日記"로 표기하고 있으나, "丁未年回答使日記"라는 제목에 맞추어 편의상 붙인 것으로 보인다. 『雲溪 林梓 先生이 쓴 朝鮮通信使日記 – 丁未·丁巳年 日本訪問記』에 별다른 해제가 없다. 원본은 현재 천안 독립기념관에 소장되어있다.

2. 『회답사일기(回答使日記)』의 구성

『회답사일기』는 앞서 언급한 바와 같이 크게 두 부분으로 나뉜다. 전반부는 1607년 2월 29일의 일기로부터 시작되는 정미년 사행 관련 기록이고, 「봉초(奉草)」 이후의 후반부는 1617년 정사년 사행 관련 기록이다. 전후반부의 기록 성격이 매우 판이하기 때문에 이 두 부분으로 나누어 성격을 검토하도록 하겠다.

1) 정미년의 기록 ; 예조 편 『해행록(海行錄)』과의 연관성

정미년의 기록은 다음과 같이 구성되어 있다. 내제에 밝힌 것처럼 1607년 회답겸쇄환사의 일기가 주를 이룬다. 2월 29일 부산 감만포를 출발한 날로부터 시작하여 7월 3일 부산에 돌아오기까지 하루도 빠짐없이 매일의 일이 기록되어 있다. 일기가 끝나고 별도의 제목이 없이 총 18칙의 일본 관찰 기사가 기록되어 있다. 이에 이어 「答日本國王書」, 「禮曹堂上遺日本執政書」, 「禮曹郞廳遺平調興書」, 「遺宗方書」, 「禮曹堂上答對馬島書」, 「答平義成書」, 「答平調興書」가 나온다.

1607년 경섬의 『해사록』은 1월 12일 궁궐에서 하직하여 7월 17일 궁궐에 들어가 복명(復命)할 때까지의 일기이다. "丁未年回答使日記"는 국내 여정은 제외되고 부산을 출발하여 부산으로 돌아온 사이의 기록, 즉 일본에 있을 때만의 일기로 이루어져 있다. 일기의 가장 중요한 차이는 주어에 있다. 경섬은 일기 내내 주체가 경섬 자신이기 때문에 자신 외의 사신인 정사와 종사관이 독자적으로 나타난다. 이에 반해 "丁未年回答使日記"는 일관되게 주어가 "臣等"으로 표기된다.

즉 이 일기의 주체는 개인이 아니라 사신단, 혹은 사행단 전체가 되기
도 하는 것이다. 그렇다면 『해사록』과는 어떤 관계에 있을까?

(가) 二十日癸未晴 留對馬島候風 ○對馬島三面依山 南臨大海 而
海浦入閭市前 浦邊築石爲堤 開三處通船 潮落則成陸 難著大船 水
邊繫戰船三十餘隻 山頂設城 連接島主宮城 郡有八 曰豊崎 曰豆豆
曰伊乃 曰掛老 曰要羅 曰美女 曰雙古 曰尼老 今則合八郡 爲上縣下
縣 屬浦有八十二 南北三日程 東西一日程 或半日程 而山多野小 土
瘠民貧 採山漁海 以資計活 食穀者幾希 而人多菜色 島主食邑在築
前州 一年所收二萬石云5)

(나) 二十日癸未晴 步往海岸寺 寺在流芳院後麓 亦臨大洋 少憩而
還 仍宿流芳院 或以裝船 或因無風 留連此島 凡十八日也 ○此島三
面倚山 南臨大洋 浦前海中 築石如城 開路三處 僅令容船 居人幾至
千餘 島主之家 在島之西北 設城墻不甚高大 門設十字層閣 家後山
頂 設小城 城下西麓 有國本寺 島中大刹也 城之東麓 有八幡宮 浦之
西岸 有流芳院 院北有慶雲寺 寺北有西山寺 院右有海岸寺 浦東有
石崖 壁立千仞 名曰立龜巖 浦邊繫戰船三十餘隻 平景直 乃調信之
子也 一島中凡事及接客應對之事 渠自主斷 島主則只點頭而已 此島
屬郡有八 曰豊崎 曰豆豆 曰伊乃 曰掛老 曰要羅 曰美女 曰雙古 曰
尼老 屬浦八十有二云 南北二日程 東西或半日或一日程 土瘠民貧
山多石田 而去陸絶遠 自作一州 兵火不及 居民等飢餒度日 雖多菜
色 自以爲樂地云 自壬辰之役 秀吉以島主 有前導之功 歲給博多州
二萬石稅米云6)

---

5)『雲溪 林梓 先生이 쓴 朝鮮通信使日記 - 丁未·丁巳年 日本訪問記』, 충주문화원,
2014, 15쪽.

(가)는 "丁未年回答使日記"의 3월 20일 기록이고 (나)는 경섬의 같은 날 기록이다. 이날은 쓰시마에 머물면서 출항을 기다리고 있던 때이다. (나)의 밑줄 친 부분이 (가)와 겹치는 부분인데, (나)가 훨씬 분량이 많음을 알 수 있다. (가)에서는 간단히 그 사정을 기록하고 있는 반면 (나)에서는 류호인(流芳院) 뒤에 있는 가이간지(海岸寺)를 산보하고 돌아온 일을 기록하였다.

또 두 일기 모두 이어서 쓰시마의 형세에 대해 기술하고 있는데 역시 (나)의 기록이 훨씬 자세하다. 세 면이 산이고 남쪽으로 포구가 있는 지세를 설명하고 그 안에 도주의 궁성과 가옥이 포치되어 있는 모습을 설명한다. (가)에서는 "山頂設城 連接島主宮城"이라고 간단히 설명된 부분이 (나)에서는 "島主之家 在島之西北 設城墻不甚高大 門設十字層閣 家後山項 設小城"이라고 하여 도주의 궁성에 대한 묘사가 함께 기술되어 있다. 또한 쓰시마의 행정구역과 척박한 농토, 지쿠젠으로부터 2만석을 받아 살아가는 내용이 공통으로 들어가 있으나, (나)에서는 야나가와 가게나오(柳川景直)가 쓰시마를 전단하고 있는 사정과 이만석의 식읍을 얻게 된 연유가 기재되어 있다.

사행에 함께 참여했던 장희춘(蔣希春, 1556~1618)의 기록을 보면 세 사신이 함께 산보를 나섰던 사실을 확인할 수 있다.[7] 공동의 일정이기 때문에 "臣等"으로 기술된다 하더라도 (가)에 충분히 실릴만한 내용이지만 삭제되어 있는 것이다. 한편 임진왜란 때 길잡이를 해준 공로로 도요토미 히데요시(豐臣秀吉)로부터 식읍을 받았고 여전히 그 공로가 인정되고 있다는 것은 조선 측에 명분이 서지 않는 사실이겠지만 (나)에서는 기술되어 있다. 이러한 정황을 고려해 본다면 (가)에는 세 사신이 함께 한 일이라도 개인적인 일정은 삭제하고 주로 공식적인 일정이 정리되어 있는 반면 (나)에는 경섬의 개인적인 판단도 거리낌 없이 실려 있는 것으로 보인다.

　　(가) 9일 신축 맑음. 오사카에 머물렀습니다. 요시토모와 가게나오 등이 교토에서 맞이할 준비를 하고 기다리고 있어야 했으나 …라고 하였기 때문에 체류하였습니다.[8]

　　(나) 9일 신축 맑음. 오사카에 머물렀다. 도주 등이 머물기를 청하였다. 왜경에서 맞이할 채비가 미처 완비되지 않았기 때문인 듯하였다. 피로인 남녀가 식량을 이고 와서 모여 문밖이 붐볐다. 역관 박대근(朴大根)을 시켜 돌아갈 때 데리고 가겠다고 알리고 위로해 보냈다. 멀어서 오지 못한 자들도 서찰을 많이 보내와 주소를 알려왔다. 그 가운데 양반 여인들도 몇 명 있어서 언문 편지로 사정을 알려와 역관에게 답장을 써 보내게 하였다. 오사카는 히데요시의 아들 히데요리가 사는 곳이다. 히데요리는 15세로 기상이 헌칠하고 음식을 먹을 때 음악을 끊이지 않게 하며 오직 호사스러움을 즐긴다. 일 처리에 유약함이 많아서 왜인들이 우활하다 말한다. 왜경의 동쪽 교외에는 우리나라 사람의 코무덤이 있다. 왜국은 싸울 때 반드시 사람 코를 베어가니 헌괵(獻馘)과 같은 것이다. 그러므로 임진왜란 때 우리나라

---

8)『雲溪 朴榟 先生이 쓴 朝鮮通信使日記 – 丁未·丁巳年 日本訪問記』, 충주문화원, 2014. 19쪽. : "初九日辛丑晴 留大坂 義智景直等以爲當待京都迎候之備 而□□□云故留"

사람의 코를 모아서 한 곳에 묻고 흙을 쌓아 무덤을 만들었다. 히데
요리가 비석을 세우고 "너희들에게 죄가 있는 것이 아니라 너희 나라
의 운수가 그렇게 만든 것이다" 운운 하였다. 구덩이를 파고 담을 둘
러서 밟고 다닐 수 없도록 하였다고 한다. 그의 어미가 히데요리를
위해 불사를 많이 행하여 뒷일을 빈다고 한다. 왜인에게 전하는 말에
히데요리의 어미가 간부와 음란한 일을 벌여 히데요리를 낳았다고
한다. 히데요시가 죽은 후 간부의 일이 발각되어 이에야스가 그 죄를
바로잡으려 하였으나 처치하기 곤란한 점을 생각하여 절도로 유배
보내기만 하였으므로 나라 안 사람들이 노래를 지어 불러 히데요리
를 비웃기까지 하였다고 한다. 가게나오가 먼저 왜경으로 갔다.[9)]

(가)는 "丁未年回答使日記"의 4월 9일자 일기이다. 몇 개의 글자가
판독하기 어려우나, 교토로 가야 하는 상황에서 쓰시마 측의 미비로
오사카에 더 머물게 되었음을 기술한 것이다.

(나)는 같은 날의 경섬 기록이다. 오사카에 머물게 되었음을 기술
한 부분은 마찬가지이나 여기에 고국으로 돌아가려고 몰려든 피로인
들이 많았음을 더 기록하고 있다. 그 후에 나오는 기록은 크게 세 단
락으로 나눌 수 있다. 첫째가 히데요시의 아들 히데요리에 대한 세간

---

9) 慶暹, 『海槎錄』 4월 9일자. : "初九日辛丑晴 留大坂 島主等請留 蓋以倭京迎候之具
未及完備故也 被擄男女 贏粮來集 塡委於門外 使朴譯 諭以回還時奉去之意 慰以送
之 在遠地不能來者 則多載書札 告陳其所住之處 其中有數三士族女子 致諺書陳情
使譯官揩辭以答 大坂卽秀吉之子秀賴之居也 秀賴時年十五 氣岸雄偉 飮食之時 不廢
聲樂 唯以豪侈自娛 處事多柔 倭人謂之迂闊 倭京東郊 有我國人鼻塚 蓋倭國相戰 必
截人鼻 有若獻馘者然 故壬辰之亂 收聚我國人鼻 埋之一處 築土爲塚 秀賴立碑刻之
日 非爾等有罪 爾國之運數使然云云 設塹圍垣 使不得踐踏云 其母爲秀賴多行佛事
以祈後事云 倭中傳言 秀賴之母 淫奸間夫而生秀賴 秀吉死後 間夫事覺 家康欲正其
罪 而慮其處置難便 只竄其間夫於絶島 國人至於作歌 以譏秀賴云 景直先往倭京"

의 평가이고, 둘째가 교토에 있는 포로인의 코 무덤에 관한 것이고 셋째가 히데요리의 어머니에 관한 전문이다.

1607년 당시 히데요리는 오사카 성에 거주하고 있었고 이에야스가 손녀를 시집보낼 정도로 그를 따르는 세력을 무시할 수 없는 상황이었다. 히데요리가 다시 일본의 패권을 차지하게 된다면 조선으로서는 사신을 보내는 명분 자체가 없어지게 될 것이고 양국 관계는 이전의 단절된 상황으로 돌아가야 할 것이었다. 따라서 조선 사신에게 히데요리는 주요한 정탐 대상이 될 수밖에 없었다. 경섬이 기록한 세 가지 일이 바로 히데요리에 관한 것이다. 첫째는 히데요리가 민심을 어느 정도 얻고 있는지 알아볼 수 있는 것이고, 둘째는 조선인 포로에 관한 것이며, 셋째는 히데요리의 정통성에 의문을 제기할 중대한 문제였다. 그런데 이러한 중요한 기록이 (가)에는 왜 보이지 않는 것일까?

히데요리는 올해 15세이나 체형이 장대하고 신장이 8, 9척이다. 크고 작은 일에 전혀 신경을 쓰지 않고 관백의 지위를 잃었다는 말을 입 밖에 낸 적이 없다. 오직 좋은 의복과 음식을 즐기고 음악을 즐긴다. 일처리가 유약하고 느슨하여 왜인들이 모두 우활하게 여긴다. 혹은 히데요시의 사나움이 이렇게 벌을 받는 것이라 하기도 한다.

히데요시가 임진년에 우리나라 사람의 귀와 코를 가져다가 왜경에 묻고 무덤을 만들어 스스로 자랑하였다. 히데요시가 죽은 후 히데요리가 봉분을 두르고 비석을 세워 "너희 나라의 운이 불행하여 너희들이 여기에 이르게 만들었으니 어찌 너희들의 죄겠는가? 불쌍하도다."라고 새겼다. 또 그 옆에 절을 만들어서 매년 명일에 한 번씩 제사를 지내도록 한다고 한다.

히데요리 어미의 간부 오노 나오나가 수리대부에게서 히데요리가

태어났다. 히데요시 사후 간부의 일이 발각되어 이에야스가 절도로
유배를 보냈다. 그 죄를 발고 분명하게 다스리려고 하였으나 처지에
곤란한 점이 있어서 그만두었다. 나라 안 사람들이 노래를 지어 히데
요리를 비웃기까지 하였다고 한다.[10]

경섬의 기록이 4월 9일에 히데요리에 관한 일을 기록한 것은 머문
곳이 바로 히데요리의 근거지인 오사카였기 때문이다. 한편 "丁未年
回答使日記"에서는 일기에 기록하지 않은 대신 뒷부분에 따로 더 자
세히 기재하였다. 위에 인용한 것처럼 세 개의 조목으로 나누었는데,
내용은 마찬가지이다. 첫 번째는 히데요리에 대한 세간의 평가이다.
히데요리의 헌칠한 풍채와 이와 상반된 유약한 태도는, 본심을 숨기
고 재기할 기회를 엿보고 있을 가능성도 점치게 만든다. 우활하다는
평가와 함께 일부 히데요시에 대한 강한 반감을 지닌 평도 함께 기술
하고 있다. 두 번째 조선인의 코무덤에 관한 것은 첫 번째에 제기한
가능성에 대한 의심을 크게 만든다. 히데요시가 코무덤을 만들어 전
공을 과시하는 일은 "暴猛"을 보여주는 것이지만 히데요리가 세운 비
석의 비문 내용과 절을 짓고 제사를 지내주게 한 일은 이러한 "暴猛"
을 상보하려는 행위에 가깝기 때문이다. 세 번째 오노에 관한 일은

---

10) 『雲溪 朴梓 先生이 쓴 朝鮮通信使日記 - 丁未·丁巳年 日本訪問記』, 충주문화원,
2014, 50~51쪽. "秀賴今年十五 而形體壯大 身長八九尺 大小之事 了不經意 失位之
言 未嘗出口 惟以衣服飲食珍玩 聲樂自娛 處事柔緩 倭中皆以爲迂闊 或云懲艾秀吉
之暴猛如是云 秀吉於壬辰年 取我國人民耳鼻 埋於倭京 而起塚以自誇 秀吉死後 秀
賴環封其塚 立碑刻文 日爾國之運不幸 使爾等至此 豈爾等之罪哉 可哀云 又作僧舍
於其傍 每年名日 使僧徒一度致祭云 秀賴之母奸夫大野修理 倭名 生秀賴 秀吉死後
奸夫事覺 家康竄逐其奸夫於絕島 欲明正其罪 慮有處置有難而止之 國中之人 至作歌
以譏秀賴云云"

이에야스의 패권이 아직은 확립되지 않았음을 엿보게 해주는 전문이다. 히데요리의 생부가 오노라고 단정하고 있어도 이에야스로서는 여전히 그의 음행을 밝혀서 처단할 수 없는 어려운 점이 있는 것이다. 경섬의 기록과 비교하여 일본에 관한 최신 정보가 이처럼 훨씬 자세히 기록되어 있다.

"丁未年回答使日記"는 일반적인 사행록의 구성 형태를 따른다.[11] 따로 제목은 붙여져 있지 않지만 일기 – 견문록 – 일본과 주고받은 왕복문자의 순으로 편집되어 있다. 경섬의 기록 역시 이와 비슷한 체재를 따른다. 그러나 분명히 드러나는 것은 "丁未年回答使日記"은 매우 공적인 태도를 견지하고 있다는 점이다. 내용을 보더라도 경섬의 기록에 비해 사적인 활동이 현저히 제거되어 있는 반면 공적인 기록물을 모두 모아 편집한 형태를 취하고 있으며, 견문록의 내용은 일본에 관한 최신 정보를 다루고 있다. 주어로 "臣等"이 사용되었던 것 역시 누군가에게 상주하기 위한 문장임을 알려준다.

그렇다면 "丁未年回答使日記"는 어떻게 형성된 것일까? 사신단의 공식적인 보고서에서 나왔을 가능성이 크다. 그 단서를 보여주는 문헌이 『해행록(海行錄)』이다. 현재 규장각에 소장되어 있는 『해행록』은 예조(禮曹)에서 선조 연간에 편찬하였을 것으로 추정된다. 하책(下冊)이 결권 되어 있고, 상책과 중책은 1605년 12월 10일부터 1607년 1월 12일까지의 기록을 싣고 있다. 일본과 외교가 재개되어 회답겸쇄환사

---

11) 사행록은 대표형식과 부수형식의 조합으로 이루어지는데, 『회답사일기』는 대표형식 일기와 문견록, 왕복문자 등의 산문을 부수형식으로 지닌 전형적인 패턴을 보인다.(구지현, 『癸未(1763) 通信使 使行文學 硏究』, 연세대 박사, 2006, 29쪽 참조.)

가 파견되기 직전까지의 기록이 남아있는 셈인데, 날짜 별로 일의 진행상황을 기록하는 일기의 형식을 따르고 있다. "海行"이라는 책의 제목과 시간 순서를 따라간다면 하책에는 1607년 회답겸쇄환사의 일본 사행 내용이 실려 있어야 한다. 즉, "丁未年回答使日記"의 양식은 『해행록』의 기록 양식과 정확히 부합하면서 하권에 기재될 것으로 예상되는 내용을 담고 있는 것이다. 1607년 사행에 관한 공식적인 문건이 예조에 의해 편찬되었고, 두 번째 사행에 참고하기 위해 이러한 공적 기록을 참고하여 전반부의 기록이 작성되었을 가능성이 제기된다.

이러한 정황은 두 가지 점을 시사한다. 전반부가 『해행록』의 결권에 해당할 가능성이다. 공식 기록의 누락을 보충할 수 있는 것이다.

또 한 가지는 이전까지 사행록이 보고서의 성격을 지녔다는 추정에 의문을 제기한다는 점이다. 경섬의 경우를 보듯 사신은 개인적인 사행록을 작성하였고, 공적인 보고서는 전반부의 기록처럼 "臣等"을 주어로 하는 공동 기록의 성격을 지녔던 것이다. 개인의 사행록과 공적인 사행일기는 별개로 존재했을 가능성이 크다.

전반부 "丁未年回答使日記" 부분은 공적인 기록물에서 연유한 것으로, 사적인 기록과는 다르게 다루어야 할 것이다.

2) 정사년의 기록 ; 『통신사등록(通信使謄錄)』과의 유사성

정사년의 기록은 「奏草」로부터 시작된다. 이 글은 1617년 5월 광해군이 명나라 만력제에게 상주한 자문(咨文)과 일치한다.[12] 시작부분에

---

12) 국사편찬위원회 조선왕조실록 15대 광해군중초본(1608~) 9년 5월 30일 6번째 "왜가 수호를 요청해 회답사를 보내고 천조에 주문한 자문의 내용" : http://sillok.

조선국왕이 아뢰는 것을 뜻하는 "朝鮮國王爲謹"이라는 글자가 생략되어 있다. 내용은 회답사를 보내게 된 경위를 명에 알리는 것이다. 이 글에 따르면 1614년 11월 다치바나 도모마사(橘智正)가 와서 통신사를 요청하였고 이듬해 9월 다시 한 번 통신사를 요청하는 장계가 올라왔으며, 1616년에도 연달아 통신사를 요청하는 쓰시마인이 파견되었다. 끝부분의 "前 差送員役事例 因便報答 以示羈縻之意 兼要刷還被擄人口 仍復緝探彼中事機 允合便宜 爲此更飭政府陪臣 從長另行外 緣係倭情事理 爲此謹具奏聞 謹奏"라는 부분이 누락되어 있다. 다음 장에는 "丁巳正月初三日"이라는 날짜 표시 아래 "備邊司啓日"로 시작하여 비변사에서 아뢴 내용이 이어진다. 첫머리는 회답사를 여전히 파견해주지 않는 데 대해 다치바나가 화를 내고 있다는 것을 시작이 되는데, 몇 년째 사행 파견을 미루고 있었던 것으로 보인다. 「奏草」와 이상의 내용을 종합해 보면 「奏草」의 말단과 함께 1614년 이래 통신사 요청을 알리는 경상도의 장계가 누락되었을 것으로 추정된다. 이러한 추정을 더욱 강하게 하는 것은 뒤에 이어지는 문장이 개인적인 일기가 아니라 대부분 "계(啓)"로 시작되는 인용문에 해당된다는 점이다.

　3월 □일의 "啓日"의 내용을 보면 "臣受命將至一月"로 시작하여 사행 원역을 꾸리는 일을 거론하는 것으로 보아 1월에 임명된 정사 오윤겸이 상주하는 문장임을 알 수 있다. 정월 □일의 글월은 동부승지 윤인(尹認)이 올린 글이고, 3월 □일의 글월은 동부승지 이홍주(李弘胄), 4월 □일의 글월은 우부승지 이원(李瑗)이 올린 글이며 6월 16일은 동래부의 치계이다.

회답사 일행이 직접 아뢴 글은 6월 20일부터 시작되는데, 7월 7일
까지 동래부에 머물면서 출항이 늦어진 연유에 대해 아뢰는 내용이고
같은 날 또 하나의 기록은 쓰시마에 도착하여 치계한 것이다. 9월 15
일의 기록은 돌아오는 길에 오사카에 머물 때 후시미(伏見)까지 다녀
온 사정을 기록하여 치계한 것이고, 10월 18일은 부산에 도착했음을
치계한 것이며, 10월 20일 기록은 일본에서 받아온 물품에 대한 처리
를 어떻게 할 것인지 아뢰는 것이다. 이 글들은 모두 "善啓", 즉 임금
에게 상주하는 글에 쓰이는 상투어로 맺고 있다. 11월의 글은 도부(到
付)하여 아뢴 글이고, 그 뒤로 한양에 돌아온 후 사행 도중 일어났던
문제에 대해 아뢰는 글이 이어진다.

정사년의 기록은 날짜 별로 정리되어 있기는 하지만 일기로 보기
어렵다. 각 날짜별로 중앙에 상주된 계문이 정리되어 있을 뿐이다.
경상도관찰사, 동래부사, 회답사, 이조의 동부승지, 호조의 동부승지
등 상주한 글월의 주체가 밝혀져 있으므로, 한 사람의 창작이라고 보
기도 어렵다.

이 기록의 성격은 사행일기보다는 『통신사등록(通信使謄錄)』의 기
록 형태에 가깝다. 『통신사등록』은 통신사행에 관한 관련 문서를 수
록한 등록집으로 전객사(典客司)에서 편찬한 책이다. 각 통신사행에
대한 준비와 파견, 귀환에 이르는 과정에서 경상감사·동래부사, 예조
·비변사·승정원, 또는 통신사의 정사와 부사 등에 의해 작성된 공식
기록들이 수록된 통신사 관련 일차적 자료라 할 수 있다. 현전하는
『통신사등록』은 1641년부터 1811년 사이의 기록밖에 남아있지 않다.
1책의 기록에 따르면 1636년 통신사 때도 등록이 편찬되었다는 사실
을 알 수 있다. 그러나 그 이전 회답사에 관한 등록이 있었다는 기록

은 찾아볼 수 없다.

그런데 정사년의 기록이 바로 『통신사등록』의 편찬 방식과 매우 유사하여, 관련 문서들을 필사해 정리한 형태를 띤다. 1617년 등록이 존재하였는지는 확정할 수 없으나, 적어도 장계 등을 모아 정리한 형태의 문헌이 존재하였음을 추정케 한다. 본문에 박재의 이름을 휘한 것을 보면 이 자료는 박재 본인이 혹은 문중에서 저본을 필사한 것이 아닌가 한다.

3. 『회답사일기(回答使日記)』의 의의

문중에 전하는 회답사일기의 형태는 공적인 문건에 가깝다. 1607년 기록은 사행 과정을 날짜별로 정리하여 상주하는 체재를 취하고 있다. 1617년 기록은 일본 사행과 관련하여 상주된 문서가 날짜별로 정리되어 있으므로 일기라고 보기 어렵고 등록(謄錄)의 형식에 가까운 형식을 취하고 있다. 초기 회답겸쇄환사에 관한 사료가 많지 않은 상황에서 회답사일기는 내용과 체재를 통틀어 귀중한 사료라 할 수 있다. 동시에 문중에 전하여 내려왔다는 점에서도 관심을 불러일으킨다. 박재 스스로가 작성한 사행일기가 있는데 문중에 이런 기록물이 필요했던 이유는 무엇일까? 사행일기의 보완적인 용도로 공적인 기록들이 필요했던 것은 아닐까? 박재의 사행록인 『동사일기』와 비교하여 『회답사일기』의 성격을 검토해 보고자 한다.

1) 사행의 배경을 설명하는 공적인 사료들

『동사일기』가 오윤겸, 이경직의 사행록과 비교하여 체재를 잘 갖춘 점이라 할 수 있는 것은 사행 전 기간의 일기가 실려 있다는 것이다. 『동사상일록』은 부산을 출발한 7월 4일부터 시작되고, 『부상록』도 원역 명단 이후 7월 4일부터 시작되고, 귀로 역시 부산에 도착하는 것으로 끝난다. 그런데 『동사일기』는 사행 파견의 배경을 설명한 후 궁궐에서 사직하고 출발하는 날의 일기에서부터 시작한다. 이는 후대 사행록의 보편직인 체재라 할 수 있다. 『동사일기』는 다음과 같이 시작된다.

> 만력 44년 모월 모일, 일본 관백이 원수[도요토미 히데요시]를 소탕하고 옛 우호를 닦으려고 생각하고 쓰시마에게 서계를 가지고 가서 묘당에 통하고자 하였기 때문에 조정에서 특별히 회답사(回答使)를 파견하고 겸하여 피로인을 쇄환하도록 하였다. 정사년(1617) 1월 27일 정사 및 종사관을 임명하고 몇 개월 지나도록 부사를 임명하지 못하다가 같은 해 3월 13일 비로소 나를 차출하였다. 병진년(1616) 7월 이래 물러나 충원[충주] 선산에서 지내고 있다가 4월 18일에야 제배되었다는 소식을 처음 들었다. 같은 달 21일 배를 타고 25일 한양성에 들어가 이튿날 숙배(肅拜)하였다. 상께서 절월을 내리라 명하시고 또 물러나 떠날 기일을 정하게 하였다. 처음에는 5월 1일로 택하였으나 12일을 연기하였고, 표문을 보내는 것 때문에 또 같은 달 28일로 연기하여, 이날 조정을 떠나게 되었다.[13]

---

13) 朴榟, 『東槎日記』. : "歲萬曆四十四年某月日 朝廷以日本關伯蕩減讐賊 思修舊好 使對馬島持書契以通廟堂 特稟差遣回答使 兼刷還被虜人口事 丁巳正月二十七日 差

위의 내용에 따르면 1616년 쓰시마에서 이미 사신을 청하는 서계를 가지고 동래부에 알려왔고 조정에도 보고가 되었다. 1617년 1월에 정사와 종사관을 임명하였고 4월이 되어서야 부사를 차출하게 되었다. 그리고 25일 숙배한 후 본래 5월 1일에 떠날 예정이었으나 중국에 자문을 보내는 일 때문에 연기되어 28일에서야 출발하게 되었던 것이다.

"拜表", 즉 천자에게 보내는 표문을 전송하는 일은 곧 회답사 파견을 알리는 일임을 짐작할 수 있다. 정사년 기록 처음에 기재된 「奏草」가 바로 광해군이 명에 보내는 표문에 해당된다고 할 수 있다.

　　그러나 사신 파견하는 일은 관련된 바가 간단하지 않으니 반드시 모두 모여 자세히 의논한 연후에야 남은 염려가 없을 것입니다. 그러나 다치바나가 처음 나왔을 때 마침 조정에 일이 많아서 본사[비변사] 당상이 모두 모일 수 없었고 누차 계품하여 비답이 내린 후 다시 아뢰고 재가를 받는 사이에 저절로 지연된 것입니다만 이미 해조에서 거행하도록 하였습니다. 아마도사신의 파견 여부가 쓰시마 한 섬의 존망을 결정하기 때문에 다치바나의 기만이 매우 심합니다만 내심 의혹이 없을 수 없으니 오히려 사신 파견이 허락을 받지 못할까 걱정하고 있습니다. 아마도 변방의 관리를 위협하는 것을 재촉할 방도라 생각하는 것이니 화를 내는 것이나 가겠다고 하는 것이나 모두 속이는 것이지 진짜가 아닙니다.[14]

上使及從事官 累月遷延 未差副使 同年三月十三日始爲差出梓 自丙辰七月 退居忠原之墓下 四月十八日 始聞除拜之奇 同月二十一日乘船 二十五日入城 翌日肅拜 自上命賜節鉞 又令退定行期 初擇於五月初一日 退於十二日 以拜表又退於同月二十八日 是日辭朝"

위는 「奏草」에 이어 나온 비변사의 계문 가운데 일부이다. 1월 3일
자로 표기된 이 글월은 전년부터 요청했던 회답사의 일이 지연되자
화를 내면서 돌아가겠다고 한 다치바나 도모마사의 일을 다루고 있
다. 임금이 비망기(備忘記)를 통해 다치바나의 일을 거론하며 회답사
차출이 늦어진 이유를 묻자 비변사에서 일이 늦어진 것일 뿐 이미 사
신 차출은 이루어지고 있으며, 다치바나의 말은 거짓에 불과할 것이
라고 설명한 것이다. 그리고 이 문장에 이어 정사와 종사관의 후보
명단이 기재되어 있다. 곧바로 정사와 종사관의 차출이 이루어진 것
이다.

이어 나오는 문장은 "제가 명을 받은 지 한 달이 다 되어가나 부사
가 아직 차출되지 못하였고 원역이 차출되지 않아서 사행 꾸리는 일
에 전혀 손을 대지 못하고 있습니다. 발행까지 날짜가 많지 않으니
진실로 답답하고 염려스럽습니다.[臣受命將至一月 而副使尙未差出 員役不
差出 治定之事 專未下手 發行前日月不多 誠爲悶慮]"로 시작되고 있다. 오윤
겸이 원역 꾸리는 일에 대해 상주한 글이다. 이후 나오는 문장은 사행
단의 원역을 차출하는 이조와 호조의 문서들이다. 이러한 문장들은
박재의 "몇 개월 지나도록 부사를 임명하지 못하다가 같은 해 3월 13
일 비로소 나를 차출하였다"는 기술에 대한 증빙 자료가 된다고 할
수 있다.

---

14) 『雲溪 朴榟 先生이 쓴 朝鮮通信使日記 － 丁未·丁巳年 日本訪問記』, 충주문화원,
   2014, 69쪽. : "但遣使一事 所關非細 必須齊會熟講 然後可無未盡之事 而橘倭出來
   之初 適因朝家多事 本司堂上 未能齊會 累次啓稟 批下後 覆啓定奪之祭 自至遲延 而
   回答使差出事 則已令該曹擧行矣 大槪橘倭以信使之行不行 決一島存亡 欺罔甚重 內
   不能無惑 猶恐信使之或未準許也 恐嚇邊官以爲催督之地 其所以發怒也欲去也 皆詐
   也非眞也"

비망기에 성절사가 왜노에게 보내는 회답사에 관해 오로지 피로
인을 쇄환하여 들여보내는 것을 겸하여 왜정을 살피기 위해서 병오
년 선왕 때 일에 의거해 보내는 것이라는 뜻으로 대처하는 것과 답할
수 있는 말을 하나하나 일러서 보내는 일을 비변사에서 살피라고 전
교하셨습니다. 이번에 아뢰는 문서는 다름이 있어서는 안 되고 이에
따라 마련하는 것이 마땅합니다.[15]

　위는 4월의 기록 가운데 하나인 비변사의 계문이다. 명에 가는 성
절사를 통해 회답겸쇄환사 파견을 알리는 일에 대해 광해군이 지시한
내용에 비변사가 답을 올린 것이다. 명의 오해를 사지 않기 위해 파견
목적을 분명히 하고 전례가 있음을 밝히도록 하였고, 또 명의 질문에
대처할 수 있도록 비변사에서 미리 준비시키라는 것이다. 명에 올린
자문을 작성하기 위해 사행의 출발이 늦어졌다는 것인데, 위 『동사일
기』 인용문의 "처음에는 5월 1일로 택하였으나 12일을 연기하였고,
표문을 보내는 것 때문에 또 같은 달 28일로 연기하여"에 해당되는
사정을 설명할 수 있는 문건들이 차례대로 기록되어 있는 것이다.
　『동사일기』의 5월 28일 기록에는 오윤겸 일행이 돌아가버린 다치
바나의 오만함을 비판하며 이들이 돌아와 인도하기 전에 출항할 수
없다는 내용의 계문이 실려 있다.[16] 이 계문은 회답사일기 5월 28일

---

15) 『雲溪 朴榟 先生이 쓴 朝鮮通信使日記 － 丁未·丁巳年 日本訪問記』, 충주문화원,
　　2014, 79쪽. : "備忘記 聖節使處倭奴回答使 專爲被虜刷還人口而入送 兼探倭情 依
　　丙午年先王時事以送之意 及凡可答之語 ——指授言送事 令備邊司察爲事 傳敎矣 今
　　此奏文書 不宜異同 依此磨鍊爲當"
16) 朴榟, 『東槎日記』. : "使臣等因啓曰 臣等伏聞橘智正以臣等之行遲延之故 至於發
　　怒經先入歸云 渠以受職之倭 驕詐恐喝 輕侮朝廷之狀 至於此極 若不待橘倭導行 輕

제하에 똑같이 실려 있다. 이 일의 처리에 관해서는 『동사일기』 6월 22일자 일기에서 찾아볼 수 있는데 부산 훈도와 동래 군관들의 장을 치는 것으로 처결하였다. 한편 회답사일기에는 6월 16일과 6월 20일 올린 사신들의 장계가 실려 있는데, 다치바나 일에 대한 처리를 동래 부사의 치계에 의거하여 자세히 기술한 것이다. 이 문건을 읽고나면 6월 22일의 처결이 어떤 경로로 이루어졌는지 이해할 수 있다.

회답사일기는 『동사일기』에 간략히 기술되어 있는 사행의 배경과 도중에 일어난 사건을 이해할 수 있는 공적인 기록들이 선별 편집되어 있다고 볼 수 있다.

2) 사적인 체험의 보완

『동사일기』의 기록이 이경직의 『부상록』에 비해 덜 자세하고 시문이 일록에 비해 많은 부분을 차지한다는 것은 기존 연구에서도 지적된 바이다.[17] 공적인 활동을 기술하는 내용이 소략한 점이 두드러지게 드러나는 것이다.

회답사일기에는 일본 내에서 올린 회답사의 장계 2본이 실려 있는데 9월 15일과 10월 7일의 기록이다. 10월 7일 기록은 쓰시마에 곧 부산 출발에 임박하여 알리는 것이기 때문에 긴 내용은 아니나, 9월 15일의 장계는 오사카에서 귀국하기 위해 승선하기 전에 막부에 국서를 전달하고 포로를 쇄환하는 등 사신의 임무 완수에 관한 전반적인

　自渡海 恐傷體面 請令廟堂商確指揮入啓"
17) 이상규, 앞의 논문.

활동을 일정별로 상세히 기록하여 올린 것이다.

> 13일 을해일. 맑음. 체류하였다. 학질 귀신이 떠났다.
>
> 14일 병자일. 맑음. 선래는 상사군관 이진경이고 부사군관 신경기이다. 한양의 집과 천포에 편지를 보냈다. 익위승양탕을 복용했다.
>
> 15일 정축일. 흐림. 저녁에 작은 배를 타고 강어귀에서 묵었다. 오사카까지 30리이다. 피로인이 거의 2백 명에 이르렀는데 배에 태우고 보니 겨우 1백 2십여 명이었다. 선래군관을 전송하고 쌀, 주찬, 포목, 자리 등의 물품을 지급하였다. 익위승양탕을 복용하였다.[18)]

위는 장계 발송 전후의 박재 기록이다. 14일 선래(先來)는 바로 장계를 지니고 먼저 떠날 군관을 가리킨다. 그리고 이날 가서(家書)를 부쳤다는 기록이 나온다. 이 가서는 당연히 선래군관 편에 보내는 것일 텐데도 장계에 대한 별다른 언급이 없다. 이튿날도 "送先來"라는 구절만이 기록되어 있을 뿐이다.

같은 시기 이경직은 쓰시마 도주 소 요시나리(宗義成)과 야나가와 시게오키(柳川調興) 등과 만나 포로 쇄환 문제를 논의하고 피로인을 배에 태우는 일련의 과정을 자세히 기록하였다. 여기에는 박재의 학질에 관한 것까지 포함될 정도로 세세하나 15일 일기의 첫머리에 기록된 것은 "선래 장계를 봉하여 이진경, 신경기에게 주고 쓰시마에 배를 빌려 먼저 보내도록 하였다[封先來狀啓 以授李眞卿 申景沂 使馬島雇船先

---

18) 朴榟, 『東槎日記』. : "十三日乙亥 晴留離却瘧鬼 十四丙子晴 先來上使軍官李眞卿 副使軍官申景沂 書于京家及泉浦 服益胃升陽湯 十五日丁丑陰 夕乘小船宿于江口 距 大坂三十里 被虜人幾至二百人 及其承船 纔一百二十餘人 送先來 給米石及酒饌木正 紙束席子等物 服益胃升陽湯"

送]"19)라고 하여 장계를 보낸 일이다. 박재의 기록보다 더 간략한 오윤겸의 기록조차 "선래 장계를 써서 이진경, 신경기를 정하고 소통사 1인을 대동하게 하여 쾌선을 태워 먼저 보냈다[書先來狀啓 定李眞卿申景祺 帶同小通事一人 乘快船先送]"20)라고 장계를 보낸 사실을 적시하고 있다. 이들도 역시 으레 선래 편에 가서(家書)를 부쳤을 터였으나 가서에 대한 언급은 찾아볼 수 없다. 이를 보면 박재의 기록 태도가 개인적인 체험을 중시하는 편이라 할 수 있다.

회답사일기의 9월 15일 장계에서 첫 번째 중요하게 다루어진 사안은 쓰시마 내 인물을 관찰한 내용이다.

> 10일 도주 이하 각기 예조 서계와 증여물을 주어 시게오키 이하 공복을 갖추고 관소에 와서 절하고 받아갔습니다. 다만 본도[쓰시마]의 사정을 살펴보니 시게오키가 비록 연소하나 조부 때부터 쓰시마의 일을 전담하여 맡은 데다 오랫동안 관백 곁에 있으면서 가장 총애를 받았기 때문에 도주 이하가 모두 매우 높이 대우하였으며 쓰시마의 모든 글이 시게오키의 손에서 나왔습니다. 소호(宗方)는 비록 겐소의 제자로서 도서를 받았으나 쓰시마의 일에는 참관하는 바가 없이 한 명의 승려에 불과하였습니다. 왜의 풍속이 무지하여 증여한 물건의 양에 따라 대우의 경중을 삼았기에, 시게오키의 증여품이 소호와 비슷하니 실망하고 분해하는 마음이 있는 듯 하였습니다. 그러므로 저희들이 지니고 간 별도의 반전으로 수목을 대략 더하여서 소호와 차등을 두는 뜻을 보였사옵니다.21)

---

19) 李景稷, 『扶桑錄』 9월 15일자.

20) 吳允謙, 『東槎上日錄』 9월 15일자.

21) 『雲溪 朴榟 先生이 쓴 朝鮮通信使日記 - 丁未·丁巳年 日本訪問記』, 충주문화원,

쓰시마에 도착한 후인 7월 10일 예조의 서계에 예물을 쓰시마 인에게 나누어준 일을 아뢰는 내용이다. 야나가와 시게오키는 쓰시마 도주의 가신에 불과하나 막부와 가까웠고 쓰시마 내 실권을 쥐고 있었으며, 겐소(玄蘇)의 제자로 외교문서를 담당하는 외교승 기하쿠 겐포(規伯玄方)는 스승과 달리 별다른 실권이 없음을 알게 되어 증여품의 등급을 임시방편으로 조정하게 되었던 것이다. 두 번째 사행이기 때문에 의례와 격식을 어떻게 할 것인지 조사할 필요가 있었을 것이다. 그리고 쓰시마 내의 실정을 탐색하는 것은 사신의 중요한 임무이기도 했다. 그러나 이러한 내용은 이경직의 기록에서 찾아볼 수 있을 뿐 박재의 기록에서는 보이지 않는다.

　　밤에 꿈을 꾸었다. 내가 두 칸 방이 있는 누각에 앉아 멀리 바라보니 몇 개의 범선이 산 끝에서 나타났다 숨었다 하였다. 제갈공명과 손권이 연합하여 조만(曹瞞 : 조조)이 도망갔다고 하였다. 잠시 후 공명이 나를 만나러 왔다고 하였다. 내가 당을 내려가 맞이하여 생에게 절하고 말하였다. "제가 병 때문에 빨리 달려와 맞이하지 못하였습니다." 그리고 먼저 들어가도록 양보하였으나 아우 미(楣)가 먼저 들어갔다. 내가 "네가 어찌 먼저 들어가니?"라고 하자 "먼저 들어가게 해주세요."라고 하였다. 나도 당에 들어가 읍을 하고 자리를 펴놓은 곳에 들어갔다. 서책이 뒹굴고 있고 서안이 흩어져 있어 자리를 걷는

2014, 90쪽. : "初十日 島主以下 各傳給禮曹書契贈物 令調興以下具公服 到館拜受 爲白齊 但諦審本島事情 則調興雖年少 自其祖父 專主島中之事 且久在關白眼前 最見親恤 故島主以下 皆待之甚尊 島中凡百書 由調興手下爲白遣 宗方則雖以玄蘇弟子 受圖書 而於島中事 無所參干 只是一孤僧是白齊 倭俗無知 專以贈與多少 爲待遇輕重爲白去等 調興贈給 與宗方相等 則似不無失望憤恨之意 故以臣等所持別盤纏 略加數目 以示與宗方有差之意爲白齊"

상태인 듯 하였다. 내가 "이 펼쳐진 물건은 어찌 이 지경이냐?"라고
하자 "안에서 보고자 하셔서 먼저 걷어가지고 갑니다."라고 하였다.
즉시 서안과 책을 옮기고 공명을 맞이하여 얘기하였다. 내가 "저는
궁벽한 먼 바닷가에서 태어났습니다."라고 하였다. 어째서인지 공명
이 미처 글을 쓰기 전에 잠에서 깨어나고 말았다. 한 손님이 애꾸눈
[瞞]이었으니 조조의 역할이 아니겠는가? 천 년 후에 꿈속에서 서로
만났으니 실로 기이한 일이다. 공명이 들어오려 할 때 내가 "장군은
황제의 후손이오."라고 하는 말을 붙여놓고 들어오길 기다렸다가 보
여줄 생각이었으나 맞이한 후에 끝내 하지 못하였다. 또 꿈속에서
내가 가속을 이끌고 작은 절에 들렀으나 들어가지 않고 또 고개 하나
를 넘어 어떤 절에 들어갔다. 명엽과 외방에서 있고 가속은 안에 있는
절에 머물렀는데, 깎아지는 절벽에 있었고 산중의 낙엽은 모두 떨어
졌다. 내가 가속들의 거처에 들어가니 나무판 문이 막혀있어서 열라
고 하였다. 죽은 딸과 막내 딸이 함께 나무판을 열었다. 내가 들어가
가족에게 "거처한 곳이 잠시 밝아진 듯하다."라고 하였다. 깊은 산중
이라 겁탈당할 화가 있을까 경계하는 마음이 컸으므로 명엽에게 시켜
적당한 말을 퍼뜨리게 하니 이 이후로 사람들이 많이 몰려들었다.[22]

---

22) 朴梓, 『東槎日記』 8월 8일자 : "夜夢予坐兩間房樓 望見數三帆檣隱現於山之尾 有
云孔明與孫仲謀合而曹瞞遁去云 俄而孔明爲來見余云 予下堂迎拜生 日以病不得趨
迎以來云 仍讓先入 而楣弟先入 余日汝何先入 日使之先入矣 余亦上入揖之 以上展
席之處 書冊傾頓 床几紛紜 有若捲席之狀 余日此鋪陳等物 何故至此 日自內欲見 先
捲展席而去云 卽移床冊 迎坐與語 余日晚生偏荒滄海間之云 更欲書示 何者爲孔明未
及成書而驚覺 一客目瞞 無乃曺分耶 千載之後 夢寐相接 實是奇事也 孔明方入之際
余貼史記中將軍帝室之胄等語 俟其入以示爲計之矣 而迎入之後未果 又於夢中 余率
家屬 過一小寺不入 又越一嶺 寓於一寺 與名燁於外房 屬則處於內寺 臨絶壑山中衆
木葉已盡落矣 余入家屬所居 以板扉遮障 余令啓焉 亡女及小女 擧板來啓 余人謂家
人日 所寓之處 暫似明朗云云 深山之中 恐有橫劫之禍 多有戒心 使名燁權辭以播 繼
此人衆多至云云"

위는 8월 8일의 일기이다. 아카마가세키(赤間關)에서 풍랑 때문에 체류한 지 5일째 되는 날로 거센 비가 계속 내리는 중이었다. 오윤겸과 이경직의 기록에는 요시나리와 시게오키가 문안을 물어온 일을 기록하고 있다. 그러나 박재는 위 인용문에 보이듯 자신이 꾼 두 가지의 꿈을 기록해 두었다. 첫 번째 꿈은 적벽대전의 제갈공명이 자신을 찾아오는 것이었다. 아우가 먼저 당에 들어가 서책을 치우고 박재는 공명을 맞이하여 대화를 시작할 듯하였으나 갑자기 꿈에 깨어난다. 삼고초려하여 융중(隆中)에 찾아온 유비에게 제갈공명이 제시한 계책에 대해 얘기하려고 준비하였으나 결국은 아무 말도 하지 못하고 깨어난 것이다. 이날 손님이 "目瞞"이었기 때문에 "瞞"에서 "阿瞞", 즉 조조까지 이어지고 제갈공명을 만난 단서를 일으킨 것으로 추정하고 있다. 두 번째 꿈은 가족과 함께 깊은 산속의 절에 머물며 "橫劫之禍"를 걱정하는 것이 주된 내용이다.

이 두 가지 꿈은 모두 전쟁과 관련이 있다. 꿈을 정확히 해석하기는 어렵지만 박재는 20대에 임진왜란을 겪었고, 1617년은 아직 전쟁의 상흔이 완전히 잊기는 어려운 때였을 것이다. 전쟁의 경험 때문에 일본에 와서 공포와 우려를 드러내는 꿈을 꾸었던 것이 아닌가 한다. 그렇다하더라도 자신이 꾼 꿈을 자세히 기록하는 것은 사행록에서 보기 어려운 대목이다. 가족의 얼굴을 꿈에서 보거나 고향을 다녀왔다는 정도의 기술이 대부분이기 때문이다. 이는 박재에게 있어 『동사일기』가 매우 사적인 기록물이었을 가능성을 시사한다.

이미 박재의 기록은 후대 사행에서 참고가 되지 못하였을 것이라고 추정된 바 있다.[23] 18세기 집대성된 『해행총재』에도 『동사일기』는 포함되어 있지 않는데, 오윤겸, 이경직의 기록에 비해 확실히 개인적인 성향이 짙게 드러난다.

회답사일기의 9월 15일 장계에는 쇄환의 과정과 답서 작성이 매우 중요하게 다루어지고 있다. 특히 8월 30일과 9월 1일은 서계 초본이 오가면서 사용하는 글자를 산개(刪改)하여 용어를 바르게 정정하는 과정을 상세히 설명하였다. 이경직의 일기는 그 과정을 더 자세히 기술하고 있다. 그러나 박재의 기록은 9월 1일 "내정이 서계 완료 일 때문에 관백 처소에 갔다[內政以書契完了事往關伯處]"로 간단히 요약되어 있다. 반면 정사와 종사관, 절의 승려에게 준 시문이 5수 실려 있다.

> 쇄환의 일은 쓰시마에 전적으로 맡겨서는 안 됩니다. 오늘 반드시 통역관을 보내 조약을 받들어 오게 해야 하니 어떠신지 모르겠습니다.24)

위는 박재의 9월 1일자 말미에 실린 글로, 정사 오윤겸에게 보낸 것이다. 쇄환에 적극적으로 임할 것을 독려하는 내용이다. 이를 보면 박재가 사신의 임무에 관심이 없거나 소홀했던 것은 아닌 듯하다. 그러나 같이 있으면서도 정사에게 편지를 보내야 할 정도였다면 기거가 힘들었을 가능성이 크다.

7월 13일 일기를 보면 "지난 밤 건기침을 앓아 밤새 편안하지 못하였다[自昨患冷嗽 終夜不平]"라고 시작되는 일기 내용은 매우 간단하다. 이어서 박대근(朴大根)의 방약무인한 태도에 비판하는 내용의 「上

---

23) 이상규, 앞의 논문.
24) 朴榟, 『東槎日記』 9월 1일자 : "上上使書 刷還之事 不可專委於馬島 今日須遣通官 奉其條約而來 未知如何"

上使書」와 함께 정몽주의 시에 차운한 「病臥馬島館中次圃隱先生宿登州韻」, 「次圃隱先生蓬萊館韻」가 실려 있다. 병상에 누워서 공적인 건의는 편지를 통해 정사에게 전달하고 무료한 심사를 시작으로 달래는 면모를 살펴볼 수 있다.

이외에도 사행 도중 학질을 앓았기 때문에 사신으로서의 활동에 제약이 있을 수밖에 없었고 일본의 정세와 인물을 관찰할 기회 역시 한계가 있었을 것이다. 그의 일기에 공적인 내용이 소략하고 개인적인 소회를 밝히거나 시문이 많은 것은 이러한 한계와 함께 개인적인 시간이 비교적 많았던 점이 영향을 미쳤던 것으로 보인다.

문중에 전하는 회답사일기는 『동사일기』의 이러한 사적 경향을 보완해준다고 할 수 있다. 장계를 통해 사행 도중의 사신 임무가 어떻게 이루어졌는지 보여줄 수 있는 자료이기 때문이다.

4. 맺음말

이상으로 박재 문중에 전하는 『회답사일기』의 구성과 성격을 살펴보았다.

회답사일기는 1607년과 1617년 두 사행의 공적인 문건들로 편집되어 있다. 정미년의 기록은 사행록의 체재를 따르고 있으나 "臣等"을 주어로 사용하여 상주하는 형식으로 되어있는 보고서이다. 이 부분은 예조 편찬의 『해행록』에서 연유했을 가능성이 크다. 반면 정사년의 기록은 박재의 사행 파견과 사행 도중 공식적인 활동을 확인할 수 있는 장계와 계문들로 편집되어 있다. 『통신사등록』과 매우 유사한 편집 형태를 띠고 있다. 즉 회답겸쇄환사의 활동이 어떤지 이해할 수 있는 공식적인 문건들이 초록하여 회답겸쇄환사의 활동을 이해할 수 있도록 한 종의 문헌으로 편집된 것이다.

　이러한 기록물이 필요했던 이유는 무엇일까? 정미년 기록은 정사년 사행의 준비를 위해 필요했을 가능성이 크다. 앞선 사신들의 공식적인 행위는 곧 전범이 되기 때문이다. 정사년의 기록은 사행록이나 공식적인 보고서를 작성하기 위해 수집되었을 것이다. 이러한 문헌이 현전하는 이유는 『동사일록』의 글쓰기 성격에서 기인하는 것으로 보인다. 여타 사행록과 비교해 박재의 기록은 간략하면서도 사적인 체험에 기울어져 있고 시문이 많이 보인다. 개인적인 사정 때문이었겠으나, 사신으로서 왜정을 탐색하고 포로 쇄환을 위해 적극적으로 임하기 어려운 한계가 있었다. 사행 파견의 배경에 대한 소략한 설명과 개인적인 체험에 치우친 기록을 넘어서 박재의 공식적인 활동을 알려줄 자료로서 회답사일기와 같은 기록물이 문중에 현전하게 되었던 것이 아닌가 한다. 이후 시간이 흐르면서 박재 편집이 박재 저작으로 와전되어 지금에 이른 것으로 추정된다.

1617년 회답부사 박재의
『동사일기』 고찰

1. 머리말

임란 이후 회답겸쇄환사행 3회를 포함하여 통신사행은 모두 12차
례이다. 이 가운데 1617년(광해군 9)에 실시된 회답겸쇄환사행은 이미
사행의 전반적인 내용이 검토되었고,[1] 당해 사행을 조선 정부의 정책
적 관점에서 분석한 연구도 나왔다.[2] 그리고 1617년에 국한되지는 않
는다 하더라도 조선 피로인에 관련된 연구 성과는 다양한 각도로 축
적되고 있다.

1617년 사행의 경우, 정사 오윤겸(吳允謙)의 『동사상일록』과 종사관
이경직(李景稷)의 『부상록』은 흔히 이용된 것에 반해 부사 박재(朴榟)

---

1) 三宅英利,「秀忠政權と回答兼刷還使」,『近世日朝關係史の研究』, 文獻出版, 1986
   ; 李敏昊,「光海君朝의 對日關係考察」,『龍巖車文燮教授花甲紀念論叢』, 신서원,
   1989 ; 仲尾宏,「元和度信使と伏見聘禮」,『朝鮮通信使と德川幕府』, 明石書店, 1997.
2) 이훈,「광해군대 '회답겸쇄환사'의 파견(1617년)과 대일본외교」,『韓日關係史研究』
   제52집, 2015.

의 『동사일기』는 그다지 주목을 받지 못했다.3) 정사 종사관 2인의 사행록은 1970년대에 해행총재의 일부로써 번역되었다. 1617년의 경우 삼사의 기록이 모두 남아서 일본사행록의 작성 방식을 검토해 볼 수 있는 여지를 남긴다.4)

1617년 회답겸쇄환사행 정사 오윤겸의 『동사상일록』과 종사관 이경직의 『부상록』은 둘 다 부산에서 여정이 출발하여 부산으로 귀환할 때까지 기재된 것이다. 이경직의 사행록은 여정의 내용이 세세하게 기록되었다. 반면 박재의 사행록은 간략한 편이지만 도성에서 떠나 다시 도성에 돌아와 복명할 때까지 여정이 기록되었기 때문에, 2인의 사행록과 비교하여 전체적인 면모를 파악해 볼 수 있다. 박재의 사행록이 소략한 점은 근래 소개된 1607년의 「정미년회답사일기」와 1617년의 「정사년회답사일기」5)로써 일부분 보완될 수 있을 것으로 기대된다.

덧붙여서 언급해야 할 점은 1590년 통신사에서 비롯하여 1607·1617·1624·1636년까지 5회의 통신사행에서 부사의 기록은 여정 전

---

3) 과문하지만, 나카오 히로시(仲尾宏)가 박재의 『동사일기』를 일부분 인용하였고 그것조차도 부분적인 이용에 그쳤다. 그리고 이 자료를 처음 소개한 이는 이원식이고, 하우봉은 해당 자료의 전반적 내용을 소개하였다(仲尾宏, 「元和度信使と伏見聘禮」, 『朝鮮通信使と德川幕府』, 明石書店, 1997; 李元植, 『朝鮮通信使』, 民音社, 1991; 河宇鳳, 「새로 발견된 日本使行錄들-≪海行摠載≫의 보충과 관련하여」, 『歷史學報』 제112집, 1986).

4) 1590년(선조 23)의 경인통신사는 부사 金誠一의 사행록이 남았고, 1596년(선조 29)의 통신사행은 정사 부사만 배정된 경우였고 정사·부사 모두 기록을 남겼다. 1607·1624 2회의 회답겸쇄환사는 모두 부사의 사행록만이 있고, 1636년에 가서 정사·부사·종사관 모두 기록이 남았다.

5) 충주문화원, 『雲溪 朴榟 先生이 쓴 朝鮮通信使日記』, 2014. 이 자료는 충주의 후손가에서 독립기념관에 기탁하여 보관되고 있다.

체가 적혔다는 것이다. 사행록의 기재 방식을 살펴볼 수 있는 여지를
주는 것은 물론이고 삼사의 임무 경계도 구분지을 수 있는 실마리를
제공한다고 하겠다. 이 점에 착안하여 본고는 박재의 『동사일기』를
살펴보면서 일본사행록의 기재 방식도 검토하고자 한다.

2. 박재의 경력과 부사의 임명 과정

『동사일기』의 저자 박재(朴梓, 1564~1622)는 본관이 고령이고 자는
자정(子挺)이며 호는 운계(雲溪)이다. 아버지는 진사 증영의정 박대용
(朴大容)6)이고 어머니는 평양조씨 조경운(趙慶雲)의 딸이다. 할아버지
는 증좌찬성 박영석(朴永錫)이고 할머니는 예조참의 권주(權柱)의 딸이
다. 외증조 권주가 1493년(성종 24)에 대마도경차관으로 다녀온 경력
이 있어서7), 박재는 사신으로 떠날 때에 왜구금압사로 다녀온 정몽
주(鄭夢周)가 자신에게 외원조(外遠祖)가 된다는 것8)과 아울러 외증조
의 행적을 거울삼아 사명을 잘 수행하도록 격려 받았다.9) 박재 자신

---

6) 증영의정은 박재의 형 朴楗이 柳永慶 일파를 제거하고 1613년(광해군 5)에 녹훈된
　定運功臣 2등인 것으로 추증된 관직이다. 인조반정으로 광해군대에 녹훈된 4차례의
　공신호는 박탈되었으나, 1910년에 간행된 『高靈朴氏世譜』에는 증직된 사실이 그대
　로 적혔다(장서각 편, 『조선의 공신』, 2012, 이완우 작성, 조선시대 正勳功臣 명단,
　317~324쪽; 『高靈朴氏世譜』(1910년 서문), 「典翰公諱梓行狀」, 한국학중앙연구원
　구입고서 B10B-68B, MF9763).
7) 『속동문선』 제16권, 送權應敎支卿奉使對馬島序[洪貴達]
8) 다음 쪽의 가계도에서 보이듯이, 정몽주의 증손녀가 楮軒 李石亨의 첫째 부인이었
　고 이석형의 둘째 부인이 박재의 5대조모였다.
9) 『送朴梓奉使日本序帖』, 서울대학교 규장각한국학연구원 古貴 3436 38, MF 72-

도 대마도에 머물 때에 외원조 정몽주의 시구를 차운하여[10] 종종 포
은의 시에 차운하였다. 증조는 진위현령 박조(朴稠)이고 증조모는 파
평윤씨 호조참의 윤간(尹侃)의 딸이다. 부인은 나주박씨 박려(朴璨)의
딸이다.

　박재 자신은 1599년(선조 32) 진사시에 입격하고[11] 1602년(선조 35)
에 문과에 급제하였다. 사헌부 감찰, 공조좌랑을 지냈고 광해군이 즉
위한 이듬해인 1609년(광해군 1)에 사간원 정언으로 승진하였다. 그가
언관직으로 발탁된 데에는 광해군의 외척이라는 점이 작용하였다. 광
해군의 어머니가 공빈 김씨(恭嬪金氏)이고, 공빈의 여동생이 박재의
형수였다.[12] 박재의 형은 광해군의 외척이라는 후원을 입어 형조판
서의 자리에 올랐던 박건(朴楗, 1560~1617)이다. 박건의 부인 김천정(金
天貞)이 17살에 시집 왔고[13] 부인의 나이가 1562년(명종 17)생이며 공
빈이 첫아들 임해군(臨海君)을 낳은 것이 1572년(선조 5)이라는 점[14]을
감안한다면, 박건의 아버지 박대용(朴大容)은 가계의 도약을 위해 왕
실 후궁과 통혼했다는 점을 쉽게 짐작할 수 있다.

　아래 가계도에서 알 수 있듯이, 박재는 광해군대 중반까지 종3품
홍문관 전한까지 승진하면서 대북 당파의 노선에 적극 협조하였다.

　38-A/MF73-102-29-B. 이 첩에는 柳夢寅을 비롯하여 약 30여인의 장도를 격려하
　는 시문이 실렸다.

10) 林桿, 『東槎日記』 1617년 7월 11일, 서울대학교 규장각한국학연구원 古4254-46,
　"上使所吟馬島館中聽雨(圃隱有梅窓春色早板屋雨聲多之句)"

11) 侍講院 弼善 李國休 찬, 「典翰公諱桿行狀」, 『高靈朴氏世譜』, 1910.

12) 『璿源錄』 권30 桂陽君, 한국학중앙연구원 藏2-1046의 MF.

13) 『高靈朴氏世譜』 권1 碑銘, 「正憲大夫議政府左叅贊諱楗墓誌」.

14) 『璿源錄』 권50 臨海君.

그는 대북 정권의 우두머리였던 이이첨(李爾瞻) 휘하의 인물이었고[15] 고향 합천에서 정국을 요리하였던 정인홍(鄭仁弘)에게도 신임을 받았다.[16] 그는 정언, 지평, 장령으로 있을 때에 영창대군과 인목대비를 처벌하여 나라의 위엄을 세워야 한다고 목소리를 높였다.[17] 1614년 (광해군 6) 2월에 부사직 정온(鄭蘊)이 소장을 올려 영창대군을 죽인 강화부사 정항(鄭沆)을 참시하여 영창대군의 위호를 회복시킬 것을 주장하여 정국을 뒤흔들었는데[18], 대사헌 박건(朴楗)이 대사간 김치(金緻), 장령 배대유(裵大維) 등과 합계하여 정온의 주장을 반박하였다. 동생 박재도 역적을 토벌하는 사람은 줄어들고 비호하는 무리가 날로 늘어나 군주의 처지가 외롭다고 한탄하거나[19] 역적 토벌에 열의를 보이고 정온에게 죄준 것이 미약하다고 통탄하였다.[20]

1615년(광해군 7) 12월에 역옥을 추국한 공로로 형 박건과 함께 상을 받았고[21] 그로부터 2달 뒤에 종3품의 홍문관 전한으로 승진하였다.[22] 그는 광해군의 의도에 부합하는 행보를 유지해 왔지만 부제학 柳潚 이하 홍문관 관리들의 공박을 받고 사직하게 된다.[23] 광해군은

---

15) 『광해군일기』(중초본) 권19, 광해군 1년 8월 13일(辛酉); 『광해군일기』(중초본) 59 권, 광해군 4년 11월 16일(丙午).

16) 『광해군일기』(중초본) 권121, 광해군 9년 11월 25일(丙戌).

17) 『광해군일기』(중초본) 권73, 광해군 5년 9월 9일(甲子).

18) 吳洙彰, 「桐溪 鄭蘊의 정치 활동과 그 이념」, 『남명학연구』 11, 경상대학교 남명학 연구소, 2005, 330쪽.

19) 『광해군일기』(중초본) 권78, 광해군 6년 5월 27일(戊寅).

20) 『광해군일기』(중초본) 권81, 광해군 6년 8월 2일(壬午).

21) 『광해군일기』(중초본) 권98, 광해군 7년 12월 29일(辛卯).

22) 『광해군일기』(중초본) 권99, 광해군 8년 1월 14일(乙酉).

23) 『광해군일기』(중초본) 권99, 광해군 8년 1월 23일(甲午).

박재의 가계 약도

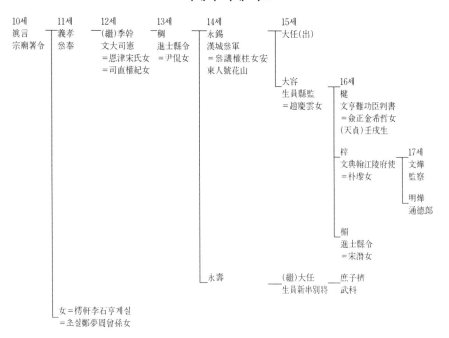

10세	11세	12세	13세	14세	15세	16세	17세

10세
眞言
宗廟署令

11세
義孝
參奉

12세
(繼)季幹
文大司憲
＝恩津宋氏女
＝司直權紀女

13세
稠
進士縣令
＝尹侃女

14세
永錫
漢城參軍
＝參議權柱女安
東人號花山

15세
大任(出)

15세
大容
生員縣監
＝趙慶雲女

16세
橦
文亨難功臣判書
＝僉正金希哲女
(天貞)壬戌生

16세
梓
文典翰江陵府使
＝朴塝女

17세
文燁
監察

17세
明燁
通德郎

16세
楣
進士縣令
＝宋潛女

14세
永壽

15세
(繼)大任
生員新串別將

16세
庶子橝
武科

11세
女＝楞軒李石亨계실
＝초실鄭夢周曾孫女

＊『고령박씨세보』(1910), 『氏族源流』(17세기중반), 『璿源錄』(한국학중앙연구원 MF, 국립문화재연구소 소장) 등을 참고하여 작성함.

박건 박재 형제를 두둔하여 현직을 유지하도록 했으나24) 사직할 수밖에 없었던 듯하다. 이후 박재는 1년여 관직의 부름을 받지 못했다. 1616년 7월에 고향 충주로 낙향했다가 9개월만인 1617년 4월에 회답겸쇄환사행의 부사로 지명되었다는 기별을 듣는다.25)

---

24) 『광해군일기』(중초본) 권99, 광해군 8년 1월 23일(甲午).

25) 朴梓, 『東槎日記』 만력 44년 모월 일, "丁巳正月二十七日, 差上使及從事官, 累月遷延, 未差副使, 同年三月十三日, 始爲差出, 梓自丙辰七月, 退居忠原之墓下, 四月十八日, 始聞除拜之奇, 同月二十一日, 乘船, 二十五日, 入城, 翌日, 肅拜. 自上命賜

박재가 처음 부사 후보망에 들어간 것은 1617년 3월이었다.[26] 이 때 광해군은 1월에 올린 부사 후보자 7명[27]이 마음이 들지 않았던지 다시 의망하라고 지시하여, 이조에서 김치원(金致遠), 朴○[28], 이용진 (李用晉)을 올렸다. 이렇게 해서 박재가 부사로 낙점된 것인데, 광해군 이 박재를 지명한 까닭은 쇼군의 답례은을 궁궐 영건에 쓰도록 정사 ·종사관에게 권유하는 데 있었던 것으로 추측된다.[29] 박재가 국왕의 외척이라는 후원을 삼아 광해군대 중반까지 중용되었고 적극적으로 대북 당파의 노선을 견지했던 것과 관계가 깊을 것이다.

박재는 4월 18일에 비로소 부사에 제배되었다는 전문을 듣고 같은 달 21일에 충주에서 배를 타고 출발하였다.[30] 25일에 도성에 들어와 26일에 숙배하였고, 이때 광해군에게 출발 기일을 늦추어 정하라는

節鉞, 又令退定行期. 初擇於五月初一日, 退於十二日以拜表, 又退於同月二十八日, 是日辭朝." 그런데『광해군일기』에는 삼사가 1617년 1월 17일에 지명된 것으로 나온 다. 1월 27일은 17일이 잘못 전사된 듯하다.

26) 박재의『東槎日記』에는 저자가 3월 13일에 차출되었다고 나온다. 역시 박재 후손가 에 전해내려온『丁巳年回答使日記』에는 3월 모일로 적고 재차 지명된 3인의 이름도 나온다(『雲溪 朴梓 先生이 쓴 朝鮮通信使日記』, 충주문화원, 2014, 72~73쪽).

27) 부사의 후보로 천거된 7인은 鄭維藩, 琴忭, 吳煥, 宋克訒, 邊應垣, 李馨遠, 孫倜이 다(「丁巳年回答使日記」, 1617년 1월 초3일).

28) 기록자가 본인을 지칭하므로 이름자를 쓰지 않은 것이다.

29) 필자는 1617년 회답사가 받아온 쇼군의 답례은 6천냥이 궁궐 영건 등에 쓰였다는 점을 거론하였다. 일본 내에서 은이 마련되는 과정을 서술해야 하고 광해군대의 정 치 동향과 본격적으로 연관지어서 다루어야 한다는 지적도 있어서 쇼군의 답례은 문제는 별도 논고로 다루고자 한다. 쇼군의 답례은은 1617년만이 아니라 1607·1624 ·1636·1643·1655년의 사행까지 모두 6차례에 걸쳐 동래부의 일본 접대 비용이나 흉년 구제에 쓰였기 때문에 좀 더 분석의 수준을 높여야 할 필요성을 느꼈다(이상규, 「1617년 회답부사 朴梓의『東槎日記』에 나타난 사행록 작성방식」, 2016년 11월 한 일관계사학회 발표회).

30) 朴梓,『東槎日記』1617년 某月日.

지시를 받는다. 발행 지연은 1월 중에 부사 낙점이 되지 않음으로써
한 번 있었다. 2월에 비변사에서 부사뿐만 아니라 수행 역관의 지명
조차 이뤄지지 않고 있다고 조속한 진행을 촉구하였다.[31] 박재가 부
사로 지명되고도 지연이 3번이나 있어서, 5월 1일로 정했다가 12일로
늦추고 다시 28일로 미루어 정했다. 이와 같이 부사의 지명이 늦어지
고 부사가 정해진 뒤에도 도성 출발이 지연되자[32], 쓰시마번의 사자
귤지정(橘智正)은 더 이상 참지 못하고 중도 귀환해버렸다.[33]

부사 박재는 사신으로 떠나기 전에 동료 문관들에게 사명을 잘 수
행하고 돌아오라는 뜻의 별장(別章, 시문)을 받았다. 명(청)에 가는 부
경사행이나 그것보다 훨씬 횟수가 적었던 일본사행의 경우에도 장도
를 격려하고 사명 수행의 기대하는 시문을 사신에게 보내고, 추후 별
장으로 엮었던 것으로 짐작된다. 유몽인(柳夢寅, 1559~1623)을 비롯한
30여 명의 인사가 시문을 써서 고려 말의 정몽주(鄭夢周), 세종대의 신
숙주(申叔舟), 1590년(선조 23) 통신 부사 김성일(金誠一), 1596년(선조
29) 임란 중에 통신사로 간 황신(黃愼)과 같이 사명을 착오 없이 수행
하고 돌아올 것을 기대하였다. 박재의 인척 관계를 아는 경우에는 성
종대에 대마도경차관으로 다녀온 권주(權柱)가 외증조임을 강조하여

---

31) 『국역비변사등록』1책, 광해군 9년 2월 20일.
32) 미야케 히데토시도 조선측의 출발 준비가 늦어진 점을 지적하였다. 조선쪽에서는
쓰시마번의 출발 재촉을 심각하게 받아들이지 않다가, 부산에서 도해할 때와 쓰
시마에 도착했을 때에 쇼군이 천황을 조알하기 위해 6월 28일에 후시미에 도착했
고 9월 9일에 회환한다는 소식을 듣게 되었다(三宅英利, 「秀忠政權と回答兼刷還
使」, 『近世日朝關係史の研究』, 文獻出版, 1986, 194쪽; 이경직, 『부상록』1617년
7월 16일).
33) 『광해군일기』(중초본) 권115, 광해군 9년 5월 28일(辛卯)

사명 수행에 만전을 기할 것을 당부하였다. 이들 가운데는 유몽인(柳夢寅), 이경전(李慶全)과 같은 문장가가 있는가 하면, 박재와 같은 시기에 조정에 섰던 배대유(裵大維)도 있다. 회답사가 발행했을 무렵의 동래부사였던 황여일(黃汝一, 1556~1622)이나 광해군대 초반에 동래부사를 지낸 이안눌(李安訥, 1571~1637)도 있고, 1607년 회답겸쇄환사행의 종사관 정호관(丁好寬, 1568~1618)도 있다.

정사 오윤겸도 도성을 떠나기 전에 조정 문사들에게 장도를 격려하는 시문을 받았을 것이지만, 사행록 『동사상일록(東槎上日錄)』과 문집 『추탄집(楸灘集)』에 그러한 흔적이 보이지 않는다. 종사관 이경직도 부사 박재에게 장문의 서문을 붙인 시를 받은 유몽인에게서 「送回答使從事官李實稷入日本國辭」을 받았다.[34] 또 수성찰방(輸城察訪)을 지낸 김덕함(金德諴, 1562~1636)도 종사관 이경직에게 시를 보내 장도를 격려하였다.[35] 이를 통해서, 종사관 이경직도 선배 동료들에게 별장을 받았음을 알 수 있다.

3. 『동사일기』의 내용과 기재 방식의 특성

부사 박재의 『동사일기』는 내용상으로 일록, 시문, 일본견문록으로 이루어졌다. 일본사행록의 정형성이 반드시 적용되었던 것은 아니었겠지만, 1590년(선조 23)의 부사 김성일(金誠一)의 사행록은 시문, 사

---

34) 柳夢寅, 『於于集』 권6 雜著 「送回答使從事官李實稷入日本國辭」, 한국고전번역원 web-db.

35) 金德諴, 『醒翁集』 권1 詩 「送李從事景稷日本之行二首」, 국립중앙도서관 website.

행중에 정사·서장관·대마도주 이하에게 의견으로 보낸 편지, 논변한
사항을 적은 설변지로 이루어졌다. 1596년 정사 황신(黃愼)의 사행록
은 일록과 견문록으로 구성되었고, 부사 박홍장(朴弘長)의 사행록은
일록이다. 1607년 회답 부사 경섬의 사행록은 일록과 일본견문록으
로 갖추어졌다. 군관으로 파견되었을 것으로 짐작되는 장희춘(蔣希春)
의 사행록36)에는 일록과 견문록으로 이루어졌다. 1624년 회답 부사
강홍중(姜弘重)의 것은 일록, 견문록, 시문으로 이루어졌다. 1636년 사
행록의 경우 정사 임광(任絖)은 일록만 있고, 부사 김세렴(金世濂)은 일
록, 견문록, 시문이고, 종사관 황호(黃㦿)는 일록과 견문록으로 이뤄
졌다.

형식 요소는 같다 하더라도 소소한 차이가 있다. 사행별로 사정이
달랐을 것이기 때문에 기재 내용도 변화가 있었을 것이다. 예를 들어
김성일의 사행록이 김세렴의 것과 비슷한데, 그렇다손 치더라도 김성
일의 시문은 일록 성격도 일부분 갖고 있다. 대동소이하게 일록, 시
문, 견문록으로 이뤄졌고 여기에서 출입이 있었다고 할 수 있다.

다음으로 눈에 띄는 것은 이 책의 저자는 박재인데 필사한 사람은
박재가 아니라는 점이다. 문과 출신의 관리가 쓴 필체로 보기에 어색
하다.37) 상통사로 파견되었던 강우성(康遇聖)의 성씨를 '姜'으로 여러

---

36) 『海東記』를 1960년대에 처음 소개한 사람은 부산대학교 金龍基 교수이다. 필자는
2003~2005년에 [조선후기 通信使의 外交와 經濟시스템]이라는 학술진흥재단 과제
(책임자: 광주여대 정성일 교수)에 보조연구원으로 참여하여 국역해행총재에 실리
지 않은 사행록을 열람할 기회가 있었다(「임진왜란의 被擄人 刷還記錄 新資料 『海
東記』考」, 『大丘史學』 제1집, 1967).
37) 박재의 필적이 남아 있다면 대조하면 좋겠지만, 아직까지 알려진 바가 없는 듯하다.

차례 오기한 것은 있을 수 있다고 하더라도 아들 박명엽(朴明燁)을 '名燁'으로 여러 차례 잘못 적고[38] 역관(譯官)을 '驛官'으로, 대마(對馬)를 '代馬'로 수차례 오기하였다. 이런 오자는 후손이 옮겨 적었다 하더라도 틀릴 수 없는 글자이기 때문이다. 다시 말해 제3자가 필사했다고 보는 것이 합당할 것이다.

일록은 1617년 5월 28일 도성에서 떠나올 때부터 11월 13일에 국왕에게 복명하고 나서 3일 동안 저자의 형인 박건(朴楗) 상에 조문 온 일까지 적혔다. 이에 견주어, 정사 오윤겸과 종사관 이경직의 사행록은 출선을 시도한 1617년 7월 4일부터 비롯하여 부산에 도착한 10월 18일까지 적혔다. 부사가 도성에서 떠나서 다시 도성으로 돌아올 때까지 기록한 방식은 1617년 전후로 확대하면 사행록 작성의 관행적 요소였다. 1596년을 예외로 하고 1590·1617·1624·1636년까지 5회에 걸쳐 부사의 기록에 전 여정이 실렸다. 1636년 사행은 삼사 것 이외에 능서관(能書官)으로 파견된 전형(全榮)의 『해사일기』가 더 있는데, 이것은 1636년 9월 25일부터 11월 10일까지만 남은 결본 사행록이다.

부사 박재는 5월 28일에 도성을 출발하여 일행보다 먼저 나와서 병석의 형 朴楗을 찾아가서 이별하였다.[39] 남대문을 빠져나와 사신을 전별하는 자리에 나오지 못하고 나중에 別章을 보내고 병으로 나가지 못했다고 한 이가 있었다.[40] 병이라고 핑계했지만, 당시 형세

---

38) 박재의 둘째 아들 朴明燁은 경기도 광주에서 합류했다가 안동에서 아버지와 작별하였다. 국왕에게 복명하고 2일 뒤인 11월 15일에 형 朴楗의 빈소로 아들 박명엽이 충주에서 올라왔다.

39) 朴梓, 『東槎日記』 1617년 5월 28일.

를 두려워하여 여러 사람들 앞에 얼굴을 내미는 것을 두려워한 것이
라고 저자는 여겼다.[41] 廣州를 지나갈 때 선대묘를 참배하였다.[42]

6월 2일 부사 박재는 충주로 내려오면서 고향 가까운 산계(山溪)에
왔을 때 국왕의 유지 2통을 받았다.[43] 당초 대마도주가 보낸 차왜가
회답사의 출발이 늦어지는 것을 항의하자, 조선은 발행 지연의 사정
을 해명하는 내용의 서계(書契)를 보냈다. 그렇기 때문에 국왕은 이제
재차 서계를 고쳐서 보낼 수는 없고 이미 도성을 출발했다는 뜻으로
서계에 말을 만들어 왜관쪽에 설명하면 된다고 지시하였다. 또 하나
의 유지는 귤지정이 바다를 건너갔다고 해도 절영도(絶影島) 근처에
정박해 있을 것으로 짐작되고 진짜 건너갔다면 그것 때문에 사신의
행차가 앞당겨지거나 늦춰져서는 안된다고 한 내용이었다. 국왕은 사
신의 행차가 동래에 이르렀다면 귤지정이 목소리를 높여 머물려 하지
않고 조선 사신을 서둘러 인도해 가겠다고 할 것이므로 사신은 결코

40) 朴榟, 『東槎日記』 1617년 5월 28일, "… 直出南大門, 聞諸宰以餞別事, 在南關王廟
   … 金羅州族丈, 追送別章, 以病不能往別云. 蓋惻於時勢縮頭也."
41) 은근히 얘기했으나, 저자 스스로가 부사로 지명된 사정을 일부분 드러내는 것이
   아닌가 한다. 다시 말해, 박재가 1616년에 낙향했다가 9개월만에 사신으로 임명된
   자신의 사정을 잠깐 내비친 것처럼 느껴진다.
42) 朴榟, 『東槎日記』, 1617년 5월 29·30일, 박재는 廣州를 지날 때에 6대조 朴眞彦
   (종묘서령), 5대조 朴仁孝(光陽縣監), 4대조 朴文幹(문과, 교리)의 묘를 차례로 참배
   하였다.
43) 朴榟, 『東槎日記』, 1617년 6월 2일, "未時到山溪. 有旨兩度, 一則云, 頃日, 島主差
   倭等來, 回答使遲延發送云. 故發送書契, 修答以送矣. 今不可再爲答送, 已爲發程之
   意爾, 其持書契, 倭人等處, 措辭開諭入送事. 有旨一則, 橘倭雖云渡海, 想必留泊於
   絶影島近處矣. 假使已爲渡海, 使臣之行, 不可以此有所進退, 到東萊, 聲言橘倭不留
   先導, 決不可渡海. 或退住梁山密陽之間, 則渠必顚倒來迫, 猶恐後時, 而登船卜日尙
   遠, 俾無久留難處之患, 爾其知悉事, 有旨, 五月二十九日, 同副承旨李次知."

도해해서는 안된다고 지침을 내렸다. 혹 사신이 양산이나 밀양쯤에 왔다면 저들이 생각을 확 바꾸어서 사신에게 와서 맞이하려고 들 것이므로 앞으로의 일이 걱정된다고 하였다. 출선 일자를 정하는 것이 아직 멀었는데 쓰시마 사자가 오래 머물러 대처하기 어려워지는 걱정거리가 생기지 않도록 사신은 잘 알고 있어야 한다고 주의를 주었다.

이렇듯 광해군은 부산으로 내려가는 삼사보다도 부산 현지의 사정을 손바닥 보듯이 알고 지침을 내릴 수 있었던 것은 1615년 4월에 황여일(黃汝一)을 동래부사로 앉혀 오래 근무하게 하고[44] 동래로 부임하는 왜학역관을 통해서 왜관의 실정을 전해 들었기 때문이다.[45] 특히 귤지정이 바다를 건너갔다고 해도 그것은 절영도로 가서 머물러 있거나 진짜 대마도로 건너갔다고 해도 그것 때문에 사신의 발행을 재촉 받아서는 안된다고 한 대목은 생생한 현지 보고가 아니고서는 얘기할 수 없는 것이다. 권력의 정점에 있는 자신을 포함한 국내 정세 때문에 사신 출발이 지연되었던 것이 있었음에도, 광해군은 쓰시마번 사자의 성화에 말려서 자칫 다시 서계를 발행해서는 안된다고 하는 외교술을 보여준다.

6월 14일 삼사는 의성현을 지날 때 김성산(金城山)의 소문국(召文國, 召文國) 옛터에 잠시 머물렀다.[46] 그곳에서 남쪽으로 이민성(李民宬)[47]

---

44) 黃汝一은 1615년 4월에 도임하여 1618년 7월까지 3년 5개월(윤달 포함)이나 동래 부사에 재직하였다. 그의 재임 기간에 일본 공무역품을 조선이 결제한 수단이었던 公木(목면) 미지급량이 804동 44필이나 되었다(이상규, 「17세기 倭學譯官 연구」, 한국학중앙연구원 한국학대학원 박사논문, 69~70쪽). 지급되지 않은 공목은 1615년 4월부터 비롯된 궁궐 영건을 위한 물자를 사들이거나 변무사가 가지고 갈 人情銀 등에 전용되었다.
45) 『광해군일기』(중초본) 166권, 광해군 13년 6월 17일(丁亥).

형제의 집이 있었다. 조문국 옛터는 현재 경상북도 의성군 탑리리·
대리리·학미리 일대에 위치하고, 여기에는 신라 경덕왕릉(景德王陵)
으로 전하는 것을 포함하여 130기의 고분군이 있다.[48] 사신 일행은
그곳에 잠시 머물러 작은 술자리를 열었다가 이내 파했다. 이후 신령
(新寧), 영천(永川), 경주(慶州), 울산(蔚山)을 거쳐 6월 21일에 동래부에
당도하였다.

6월 22일에 귤지정이 중도 귀환한 사태의 책임을 물어, 삼사는 부
산 훈도 한상(韓祥)과 동래부사 군관을 처벌하였다.[49] 이 일은 통제사
정기룡(鄭起龍), 경상좌수사 김기명(金基命), 수세관 윤민일(尹民逸)이
종사관 이경직에게 서찰을 보내서 귤지정이 서둘러 돌아간 것을 막지
못한 책임을 우선 왜학훈도에게 돌린 데에서 비롯되었다. 광해군이
발행 기일이 늦어지는 것으로 재차 그것을 해명하는 서계를 보내서는
안된다고 지침을 하달했으므로, 변정을 관장하는 그들로서는 우선 훈

46) 朴梓, 『東槎日記』1617년 6월 14일, "西七里許, 有金城山, 乃詔文國舊基也. 山之南
有李民宬兄弟家, 三使竝駕設小酌, 卽罷到站."
47) 李民宬(1570~1629)은 고향이 의성이고, 본관이 永川, 호는 敬亭이다. 1597년(선조
30) 문과에 급제하여 인조 초반까지 관직을 지냈다. 1617년 인목대비 폐비 논의에
반대하여 관직에서 쫓겨났고, 인조반정 직후 책봉주청사의 종사관으로 명나라에 가
서 갖은 어려움을 무릅쓰고 1년여 만에 고명을 받아왔다(이민성 지음, 이영춘 외
옮김, 『1623년의 북경외교』, 대원사, 2014).
48) 이희돈, 의성 금성산 고분군, 한국학중앙연구원 디지털의성문화대전 web-site.
49) 朴梓, 『東槎日記』1617년 6월 22일, "統制使鄭起龍, 左水使金基命, 收稅官尹民逸,
自釜山來見. 與從事官書曰, 橘倭之徑歸, 皆由於釜山訓導不能善辭之致, 則爲訓導
者, 固不得無罪也. 行到境上, 卽遣軍官, 拿致究詰, 或杖或囚, 可矣. 不然, 無以聳動
邊人鎭緝, 倭情前頭之變幻百端, 將不可勝言. 豈非可慮之甚乎? 請白於上使, 商確
處置甚當, 伏惟高明俯諒以示, 上使從事同坐, 曳入釜山訓導韓祥及東萊府使軍官于
庭, 韓祥則杖臀三個因囚, 小通事朴春, 杖臀五個, 府使軍官, 則敎授還放. 午見統制
使中軍, 馳報橘智正還出來云."

도가 동래부와 왜관 간의 의사를 잘 얘기하지 못해서 그러한 일이 생겼다고 책임을 물은 것으로 이해된다. 종사관에게 전달된 서찰을 본 부사 박재도 왜관을 드나드는 훈도에게 일시 처벌을 시행하여 쓰시마 사자의 기를 누르는 데 동조한 것으로 보인다. 22일 아침에 삼사가 합석하여 훈도 한상(韓祥)과 동래부사 군관을 붙잡아 들이게 하였고, 훈도 한상은 볼기에 장 3대를 맞고 수감되었고 소통사 박춘(朴春)은 5대를 맞았다. 부사 군관은 교수 직임이라서 풀려났다. 그런데 당일 낮에 통제사 중군이 급보하여 귤지정이 다시 돌아왔다고 알려옴으로써 훈도 처벌은 의미를 잃었다.

그 다음날인 23일에 동부승지 성진선(成晉善)의 이름으로 정사·부사에게 각각 보낸 국왕의 유지(有旨)가 두 번째로 도착하였다.[50] 대마도주가 보낸 평지장(平智長)이 회답사의 출발 기일을 탐청(探聽)하고 사신 배행의 일로 서계를 갖고 도해했다고 하며, 이미 사신이 발행했으면 서계는 따로 고칠 것이 없다고 하였다. 평지장 처소에 이러한 뜻으로 말을 만들어 모든 일에 응대하라고 지시하였다. 이렇게 되자 삼사는 일시적으로 처벌한 훈도 한상을 풀어주어 다시 돌아온 귤지정의 형편을 알아보게 한 다음 결과를 장계로 보고하였다.

사신이 부산에 머물던 6월 26일에도 유지 2건이 전달되었다. 하나는 부왕(선조)대는 어사를 보내지 않았다는 것이고 또 하나는 검찰의 일이었다.[51] 두 건 모두 간략하게 적혀서 앞뒤 내용을 짐작하기 어렵

---

50) 朴榟,『東槎日記』, 1617년 6월 23일, "有旨, 同副承旨成晉善成帖云云. 對馬島主使送平智長, 以回答使行期探聽 兼爲陪行事, 持書契出來云. 爾等已爲發行, 書契則別無修答之事爾. 其平智長處, 以此意措辭開喩偕行事. 有旨, 上副使處各下, 朝放韓祥, 問情於橘智正後狀啓."

다. 사행의 출발 이전에 전달된 몇 번의 유지는 그리 비밀스러운 일은 아니었던 듯하다. 종사관 이경직이 아버지 이유간(李惟侃)에게 보낸 편지에도 평지장이 출래한 사실이 나오기 때문에[52] 국왕의 비밀스러운 지시는 아니었던 것으로 보인다. 회답사의 출발을 앞두고 부산진에 와 있던 변장들이 국왕의 의중을 헤아려서 귤지정의 돌연 귀환을 서둘러 역관의 책임으로 돌리는 데서도 일부분 짐작되기 때문이다. 그리고 앞선 유지(有旨)에서 서계라고 한 것은 회답사가 지참한 국서나 예조참판 내지 예조참의의 서계라기보다는 사행 출발의 지연을 항의하러 나온 쓰시마 사자에게 조선 정부가 준 답서였던 것으로 짐작된다.

부사 박재는 6월 23일에 광해군의 유지를 받은 뒤로 24일에는 정사에게 얘기하여 군관 정충신(鄭忠信)과 역관 강우성(康遇聖)을 보내고[53] 25일에는 역시 정사와 의논하여 역관 최의길(崔義吉)에게 귤지정 처소에 음식물을 갖고 가게 해서 동정을 살피게 하였다.[54] 식량·반찬·예단 등의 반전 잡물(盤纏 雜物)은 4월부터 준비되기 시작하여[55], 7월 3일까지 도해 준비가 완료되었다.[56]

---

51) 朴梓, 『東槎日記』 1617년 6월 26일, "見有旨兩度, 一則云, 先朝例不遣御史云. 一則云, 檢察之事爾. 其爲之上副使各下"

52) 李惟侃, 『愚谷日記』 1617년 6월 24일(한국사료총서 45집, 『愚谷日記·野言記略』 374쪽, 국사편찬위원회 한국사데이타베이스).

53) 朴梓, 『東槎日記』, 1617년 6월 24일.

54) 朴梓, 『東槎日記』, 1617년 6월 25일.

55) 「丁巳年回答使日記」, 1617년 4월 일(『雲溪 朴梓 先生이 쓴 朝鮮通信使日記』, 충주문화원, 2014, 73~77쪽).

56) 『東槎日記』 1617년 6월 28일자 기사에 강릉부사 洪慶臣이 복정 물품을 보내왔다고 했으므로, 7월 3일 이전까지 격군의 배정, 선박의 마련, 사행원의 양식·반찬이 마련

　7월 3일에 고령군수(高靈郡守)를 지낸 유(柳)아무개 부자가 붙잡혀
간 딸을 쇄환할 일로 부산에 왔다. 7월 4일에 부산진에서 처음 출선을
시도하였다. 하룻밤 재숙한 다음 7월 5일에 해신제를 지내고 이틀 동
안 바람을 기다려 7월 7일에 출발하여 태종대를 지나 순풍을 받아 신
시(13~15시) 초에 대마도 서쪽 와니우라(鰐浦)에 닿았다.

　사행은 7월 9일에 도주가 있는 후추(府中)에 하선하여 관대를 갖추
고 의물을 진열하여 관소로 들어갔다.[57] 그곳에 머물면서 정몽주가
읊었던 시구를 떠올려 정사 오윤겸이 '대마도 관중에서 빗소리를 듣
는다'는 시를 지었고, 부사 박재는 정몽주가 자신의 외원조였음을 강
조하는 화답시를 지었다.[58]

　7월 12일부터 부사 박재는 찬기침(冷嗽)을 하기 시작하여 밤새 평온
하지 못했다. 쓰시마번의 야나가와 시세오키(柳川調興)가 잔치를 열고
자 청했는데, 박재는 의절을 갖추어서 행해야 하는데도, 당상역관 박
대근이 큰소리를 내고 성을 내면서 방약무인하게 처리했다고 통탄해
하였다.[59] 부사는 당일로 정사에게 편지를 써서 당상역관 박대근의
실성전도된 행위가 사명을 욕되게 하는 것이라고 항의하였다.[60] 이

　되고 가지고 갈 서계도 갖추어졌던 것으로 짐작된다.

57) 朴榟, 『東槎日記』, 1617년 7월 9일.

58) 朴榟, 『東槎日記』, 1617년 7월 11일.

59) 朴榟, 『東槎日記』, 1617년 7월 13일, "自昨患冷嗽, 終夜不平. 調興設宴請之, 旣無
　　國書之前陳, 切欲備儀而行. 朴大根高聲叫怒傍若無人, 甚可痛也."

60) 朴榟, 『東槎日記』, 1617년 7월 13일, "上上使書. 朝廷不以榟無狀充於輔行之任,
　　授以節鉞旗纛, 備儀物也. 旣無國書之前導, 猶可備儀以行, 則榟之切欲前陳者, 存體
　　面也. 不有先失體面而能自持者也. 榟之所見, 非欲自尊不過如此也. 昨者, 大根之高
　　聲頓足, 傍若無人者, 是何道理? 設令鄙生不顧前後, 晏然行之? 渠以首譯, 猶當面議
　　商確, 未爲不可, 何至於失聲顚倒, 以駭遠人之瞻聆乎? 此其未安之甚者也. 是不過

날의 잔치는 정사와 종사관의 사행록과 대조해 보면 규모가 작은 술자리 또는 다례였고 '큰소리를 내고 성을 내면서 발을 동동 구르는' 수역 박대근의 행위는 조선 사신을 안내하는 도주 종의성(宗義成)과 그의 가신 야나가와에게 피로인 쇄환에 협조할 것을 누누이 강조하면서 비쳐진 모습이었다.[61] 부사의 눈에 이국의 사람들에게 용렬한 처신으로 내비쳐졌던 박대근의 행위가 정사 오윤겸과 종사관 이경직의 사행록에는 아무런 언급이 없어, 아쉬움이 남는다.

박재를 비롯한 삼사는 7월 14일에 요시나리와 시게오키가 베푼 자리에 참여하고 피로인 쇄환에 대한 쓰시마측의 회답을 들었다. 박재는 며칠째 찬기침의 증세가 나아지지 않아 14일에 정기산(正氣散) 1첩을 복용하였고, 30일에 평위산(平胃散) 1첩을 복용하였다. 8월 2일에 비로소 대마도를 출선할 때까지 박재는 정사·종사관과 함께 움직이는 자리에 같이했다가 일찍 처소로 돌아가거나[62] 무료함을 달래는 정사·종사관의 자리에 병 때문에 나가지 않은 경우도 있었다.[63] 대신 정사나 종사관보다 시작(詩作)에 성의를 보이고 쓰시마번의 외교승 종방(宗方, 玄方)의 답하여 시를 짓고 정사·종사관과 주고받은 시를 빠짐없이 옮겨 적었다. 또 무엇보다도 외원조 정몽주의 시구에 차운시를 여러 차례 지었다.[64] 이미 시를 주고받은 겐포가 정몽주의 3수를

庸劣, 備數見侮至此, 豈知辱命之擧? 不在他國之人, 而反出於一行之通官乎? 綱隆紀塊, 近來益甚. 尙何言哉? 痛歎而已. 伏惟下察."

61) 吳允謙의 『동사상일록』과 李景稷의 『부상록』의 7월 13~14일자 기사를 대조해 보면 본문과 같다.

62) 李景稷, 『부상록』, 1617년 7월 17일.

63) 李景稷, 『부상록』, 1617년 7월 26일.

64) 박재는 冷嗽으로 상태가 좋지 않았던 7월 13일에 중국 사행 가서 지은 시에 2수(病

써서 박재에게 보이자, 박재는 외원조가 일본에 사신으로 왔을 때의
사적 및 외증조 권주(權柱)가 대마도경차관으로 와서 남긴 행적을 찾
고 싶은 여망에서 겐포에게 편지로 답례하였다.[65] 또 7월 26일에는
김성일의 제경십운(霽景十韻)에 시를 지었고 다시 27일과 29일에 역시
포은시에 차운하였다.

20여일 지루하게 대마도에 머문 사행은 8월 2일에 출발하여 이키
섬에 닿았다. 아카마가세키(赤間關), 가미노세키(上關), 도모노우라(韜
浦), 무로쓰(室津), 효고(兵庫)를 거쳐 8월 17일에 사카이(界濱)에 닿았
다. 박재는 1590년 부사 김성일과 1596년 정사 황신이 강구(江口) 노옥
촌(蘆屋村)을 사행이 지날 때에 두 사자가 다녀간 사카이(界濱) 월변(越
邊)의 위치를 가늠하였다.[66] 심중에는 김성일과 황신이 사카이에서
안도할 수 없는 지경에서 사명 수행에 진력한 행적을 추억하였을 것
이다.

1590년 김성일이 '내조(來朝)'라는 문구를 고치기 위해 정사와 서장
관을 설득하고 왜인에게 문구 수정을 요구했으며 또 사행이 히데요시
의 답서를 받기 위해 5개월간 체류했던 곳이다.[67] 1596년 명의 양방

臥馬島館中次圃隱先生宿登州韻/次圃隱先生蓬萊館韻)를 차운하였고, 15일에는 4수를
24일에는 1수를 차운하였다.

65) 朴榟, 『東槎日記』, 1617년 7월 15일, "行望闕禮, 答宗方書[宗方以外遠祖鄭圃隱記
行詩三首書示, 盖以榟欲觀外遠祖圃隱奉使日本事跡及 外曾祖權應敎來喩馬島等事
故]以酊菴規伯下"[ ]=작은 글자로 2행임.

66) 朴榟, 『東槎日記』1617년 8월 17일, "… 酉時, 發船到江口蘆屋村, 海邊宿于船上.
界濱在於越邊, 乃金鶴峯黃會元所迫之處也."

67) 민덕기, 「경인통신사의 활동과 일본의 대응」 한일관계사학회 편, 『1590년 통신사
행과 귀국보고 재조명』, 경인문화사, 2013, 70~71쪽.

형(楊邦亨)·심유경(沈惟敬)과 같이 갔던 황신은 사카이 즉 오사카에서 29일간 머물며 도요토미를 기다렸다가 만나지 못하고 귀국길에 올랐다.[68] 오윤겸·이경직의 사행록에는 이 사실이 보이지 않으며, 박재 자신이 2인의 일본 행적을 적어 와서 추억한 것이다.

박재는 8월 20일 오사카에서 최의길(崔義吉)·강우성(康遇聖) 두 역관을 꾸짖고 8월 26일 경도 후시미(伏見城)에서 국서를 전달할 때까지 일기를 자세하게 기록하였다. 그는 몸이 좋지 않았던 탓인지 국서 전달 이후에 적극적으로 피로인 쇄환을 일일이 챙기지 못하고 정사에게 이 일을 대마도에만 오로지 맡겨놓을 수가 없고 역관들을 보내어 주선하는 것도 성과가 있을지 걱정이 된다고 짧게 편지를 썼다.[69] 종사관 이경직의 일기에는 부사가 교토에 있을 때부터 학질(瘧疾)을 몹시 앓았고 9월 13일에 나았다고 하였으므로, 정사·종사관이 나날이 피로인 쇄환의 일을 챙기는 동안 부사는 거의 운신하지 못하고 겨우 짧은 편지를 써서 성의를 보이는 정도였다. 학질이 나은[70] 뒤로는 일록의 양이 조금 더 자세해진다.

9월 5일 박재는 학질을 앓는 와중에도 관백(關白)이 답례은 6,450근 금병풍 10면을 삼사에게 보내왔으나 삼사가 사양하여 개봉할 수 없으니 대마도주로 하여금 처치하도록 보냈다고 썼다.[71] 대신 동지 역관

---

68) 張東翼 편저, 『聾啞堂 朴弘長의 生涯와 壬亂救國活動』, 경북대학교 퇴계연구소, 2002, 57쪽.

69) 朴榟, 『東槎日記』, 1617년 9월 1일, "上上使書 刷還之事, 不可專委於馬島, 今日須遣通官, 奉其條約而來, 未知何如."

70) 朴榟, 『東槎日記』, 1617년 9월 13일, "乙未 晴 留 離去瘧鬼" 去자가 邦으로 잘못 쓰여졌다. 이외, 필사 과정에서 오자 또는 수정한 곳이 더러 있다.

71) 朴榟, 『東槎日記』, 1617년 9월 5일, "關白遣本田上野及板倉, 送銀子於三使前, 各

2명에게 800냥이, 중관에게 37냥이, 70여 명의 노자·격군들에게 동전 1천관이 분급되었다는 사실을 들어서 기록하였다. 9월 6일에 박재는 어제와 태도를 바꾸어 당상역관 정언방(鄭彦邦)에게 얘기하여, 답례은을 궁궐도감의 비용으로 쓰고 명나라 조사(詔使)를 접대하는 비용으로 쓰는 것이 좋겠다는 뜻을 정사와 종사관에게 의견을 넌지시 물어보라고 하였다.[72] 정언방은 그것을 자신이 함부로 얘기를 전달하기 어렵다고 답하고 정사 종사관에게 보고하였다. 박재의 사행록에는 없고 이경직의 『부상록』에 기재되었다.

박재가 정사 종사관보다 3달 늦게 지명된 것은 광해군이 쇼군의 회답은을 국가 비용으로 충당하도록 주선할 인물을 물색했기 때문이 아닐까 짐작된다. 주도면밀한 광해군이라 하더라도 부사로 지명한 박재가 중도에 학질에 걸려 외부 운신을 제대로 할 수 없게 될 것까지는 예상하지 못했다. 오윤겸 이경직은 부사가 '이미 받을 수 없는 물건이라 했으면서 도리어 가져다가 임금에게 드리려고 하니 임금을 존대하고 나라에 충성하는 뜻이겠는가' 하고 의아해했던 만큼 부사에게 동조할 뜻이 없었다. 결론부터 얘기하면 회답사가 받지 않고 왜관에 보관된 은을 호조에서 1618년 6월에 가져다 쓸 것을 건의하자, 광해군은 명 사자를 접대하고 영건의 비용으로 쓰라고 지시하였다.[73]

문제의 시각을 넓혀 1617년 회답사만의 예가 아니라 1607년부터 1655년까지 모두 6회의 일본 사행이 받아온 쇼군의 답례은은 동래부

二千一百五十斤, 金屛各十面, 辭不獲不坼其封, 盡付於對馬島主, 使之處置, 兩同知各八百兩, 中官三十七兩, 各七十餘奴子格軍輩銅錢一千貫, 分給之云.”
72) 이경직, 「부상록」, 1617년 9월 6일(『국역해행총재』3권, 1986 중판, 95쪽).
73) 『광해군일기』(중초본) 129권, 10년 6월 14일(辛未)

의 일본 사자 접대에 쓰였고 빈번한 흉년을 구제하기 위한 목적으로
도 사용되었다. 기록의 한계로 박재가 답례은을 국가 비용에 충당하
도록 주선한 사정은 잘 드러나지 않는다. 오히려 조선 국왕의 예폐에
대한 관백의 답례은은 분석의 각도가 달리해야 한다. 일본이 답례품
으로 준 은이 대조선관계에서 어떠한 의미를 차지하는지 또 이러한
은은 일본 내의 유통 구조가 해명될 필요가 있다. 일본 사자를 접대하
는 비용으로 쓰였다면 과도한 물화를 사양한다는 명분론만으로 실상
에 접근하기는 어려울 것이다. 관계사적인 접근만이 아니라 조선 내
부의 실정론도 함께 고찰되어야 할 것으로 판단된다. 이 글에서는 부
사 박재의 중요 행적으로서 언급하고 그 대체만을 지적하는 것으로
그치고 본격적인 논의는 후속편에서 하고자 한다.

　박재는 9월 9일에 피로인 쇄환 기사를 짧막하게 적고 자신의 병증
이 학질인 듯하다고 적었다. 9월 13일에 학질 귀신이 떨어졌다고 했
지만 이후로도 기력이 좋지 않아 일기를 상세하게 적지 못한다. 또
일록을 쓰면서 중도에 채워 넣지 못한 공백이 군데군데 남았다.[74] 숙
소인 교토 대덕사(大德寺)에 오래 체류하는 동안 외부 접촉을 많이 갖
지 못하고 간단하게 일록을 적고 정사·종사관 또는 일본 승려와 시로
화답하였다.[75] 9월 10일에 교토를 출발하여 귀로에 올랐다. 익위승
양탕을 복용하면서 피로인 쇄환의 기사를 적으면서 이동하였다.

　박재는 10월 18일에 부산으로 귀환한 후, 거쳐 온 곳의 역참 및 지
대 사정, 원조(遠祖) 성묘, 형 박건의 부음[76] 등을 사행록에 적었다.

---

74) 날씨 사항을 미처 적지 못한 것은 생략한다.
75) 『東槎日記』 1617년 8월 30일부터 9월 2일까지 나타난다.

기운이 불평한 와중에 11월 13일에 복명하고, 16일에 정사·종사관이 형의 빈소에 문상했고 이경직이 추후 애도 율시를 보내왔다는 것으로 『동사일기』의 기록이 마무리되었다.

이상에서 『동사일기』의 내용과 기재 방식을 간추려 보면 다음과 같다.

첫째, 박재의 사행록은 일록이 부실하기는 하지만 창수한 시문이 충실히 기록으로 옮겨졌다. 일본 내에서 학질을 앓고 기운이 좋지 않았기 때문에 쓰시마번 사자의 왕래 또는 피로인 쇄환에 관련된 외부 활동이 위축되어 일록은 소략하였다. 그럼에도 일본 사행록의 구성 요소인 일록, 시문, 일본견문록이 모두 갖추어졌고, 여정도 5번의 일본 사행에서 준용되었던 전체 일정으로 기록되었다.

무엇보다도 도성에서 부산까지의 여정이 나와 있어, 광해군이 발행 지연에 대한 몇 차례의 지시가 생생하게 기록되었으며 오윤겸 이경직 사행록에 근거한 기존 연구에서 드러나지 못한 조선측의 사정이 잘 드러난다. 조선 사신을 안내하기 위해 도해한 굴지정이 조선의 잇단 발행 연기를 항의하기 위해 중도 귀환한 사정도 선명하게 나온다. 통제사 좌수사 수세관 3인이 발의하고 삼사를 움직여 중도 귀환한 사태의 책임을 훈도 한상에게 돌리고 처벌한 것이 광해군의 의중을 헤아린 처결이었음이 드러난다.

둘째, 『동사일기』에는 일록과 시문의 양적 부조화가 드러난다. 삼사의 사행록 중에 부사 또는 종사관의 기록이 정사에 비하여 분량이

---

76) 朴榟, 『東槎日記』, 1617년 11월 10일.

많을 경우가 있었다. 반드시 그런 것은 아니었지만 1617년 사행에서
도 정사 오윤겸[77]이나 부사 박재의 기록에 비해 종사관 이경직의 기
록량이 훨씬 많았다. 정사는 사행 전체를 총괄하는 책임이 컸던 것에
비해, 나이가 젊은 종사관은 정사·부사보다 먼저 사행의 발행을 챙기
고 기강을 단속하는 것인 만큼 활동량이 많았다. 이경직의 사행록은
자세한 편이다.

　박재는 정사 종사관 쓰시마번 승려와 주고받은 시를 사행록에 많
이 전재하였는데, 그것조차도 정사의 사행록과 대조하면 빠진 것이
있다.[78] 오히려 정사나 종사관이 지은 시가 사행록에 옮겨 적지 않은
분량이 훨씬 많다. 종사관 이경직은 시문을 거의 옮겨 적지 않았다.

　셋째, 후대 전승에 관련된 사항이다. 하우봉이 지적했듯이, 조엄(趙
曮)이 1764년(영조 40)에 귀국하여 편집한 해행총재에는 1617년 사행록
은 오윤겸의 것과 이경직의 것이 들어갔다.[79] 7년 뒤에 있었던 1624
년(인조 2)의 회답겸쇄환사행 때는 부사 강홍중(姜弘重)이 황신의 사행
록과 더불어 이경직의 사행록을 소지하여 사행에 참고하였다.[80] 하

---

77) 오윤겸의 졸기에 '昏朝에서 信使로 다녀올 때 기품이 있었고 왜인들의 공경을 받았
　다. 海路로 중국에 사신을 갈 때 다른 사람들은 위태로움을 피하려고 했으나 그는
　꺼리는 기색이 없이 길을 떠났.'고 하였다. 오윤겸이 광해군대에 일본에 사신을
　다녀오고 육로가 막혔을 때 해로로 명나라에 다녀온 것을 두고 내린 당대인들의 평
　가이다. 사행록의 분량은 사행 내의 위치에서 관계된 결과였고, 전체 인물됨과는
　차이가 난다고 보아야 할 것이다(『인조실록』 32권, 인조 14년 1월 19일[乙丑]).
78) 오윤겸은 일록을 간략하게 적고 일본견문록을 소홀하게 적지는 않았다. 대신 일록
　의 끝에 사행중에 지은 시를 따로 모아서 실었다.
79) 河宇鳳, 「새로 발견된 日本使行錄들-≪海行摠載≫의 보충과 관련하여-」, 『역사
　학보』 제112집, 1986, 85쪽.
80) 강홍중, 『동사록』, 1624년 11월 12일(『국역해행총재』 3권, 민족문화추진회, 1986
　년 중판, 201쪽).

지만 부사 박재의 사행록은 후대 통신사행에게 참고되지 못한 듯하
다. 다만, 박재의 1자 사헌부 감찰 박문엽(朴文燁)이 1636년 부사 김세
렴(金世濂)이 내려가면서 양근 남시면(南始面)에 이르렀을 때 보러왔으
므로81), 박재의 사행 체험이 간접적으로 전달된 게 아닌가 한다.

넷째, 필사자의 문제이다. 현행『동사일기』를 필사한 사람은 제3자
인 것으로 추정된다. 후손이라면 박재의 아들 이름자가 잘못 쓰거나
틀려서는 안 되는 지명·인명 표기에 착오를 범한 것은 필사자가 제3
자로밖에 볼 수 없게 한다. 또 일록에서 몇 자의 공백이 여러 곳에
있고 필사하면서 잘못 쓴 글자를 지우고 다시 쓴 흔적도 이따금 있다.
바로 이 점 때문에 기록의 신빙성에 흠이 되기도 한다.

어쩔 수 없이 제3자가 필사했기 때문에 오자나 수정한 곳, 공백으
로 처리된 부분이 있어 흠이 될 수밖에 없다. 그러나 도성에서 하향하
면서 아화역(阿火驛)에서 지대차 나온 전 도사 정담(鄭湛)이 선대 묘에
투장한 원곡(原谷) 근처 사람이라고 분명히 적었다.82) 6월 24일 사신
에게 연회를 베푼 경상좌병사 이시영(李時英)이 자신의 시 취향으로써
부사에게 얘기를 걸었다. 동참한 수세관 윤민일(尹民逸)83)에게 박재
는 '이(李)는 시를 모르는 사람이고 족히 말할 게 있겠는가'라고 비평
하였다. 박재가 이전에 정언으로서 이(李) 대사간을 탄핵했는데 이필
영(李必榮)이 힘써 구하고 듣지 않았다는 일을 두고 좌병사가 (자신을)

---

81) 김세렴, 『해사록』, 1636년 8월 14일(『국역해행총재』 4권, 민족문화추진회, 1986년
   중판, 18쪽).
82) 朴梓, 『東槎日記』, 1617년 6월 17일.
83) 尹民逸은 3년 5개월이나 동래부사에 재직한 黃汝一에 이어 1618년 7월부터 1621년
   5월까지 2년 11개월 근무하였다(朴師昌 편, 1740, 『東萊府誌』 「官案」).

기롱하는 뜻으로 시 얘기를 꺼낸 것이라고 말했다.[84] 이런 기사를 본다면 박재의 자의식이 확연하게 드러나는 사행록인 것이다.

4. 맺음말

1617년 회답사의 박재는 광해군이 정사 종사관 2인보다 3달이나 늦게 1617년 4월에야 부사에 지명되었다. 부사의 직임은 정사를 보좌하여 국서를 전달하고 일본 내정을 살피고 피로인 쇄환을 해오는 것이었다. 여기에 더해져서 박재가 추가 사명으로 조선 국왕의 예물에 대한 쇼군의 답례은을 명 사자를 접대하고 궁궐을 영건하는 비용에 쓰도록 주선하는 일을 부여받았다. 광해군은 1615년부터 궁궐 영건을 시작하여 인경궁 경덕궁을 동시에 짓고 있었기 때문에 물자 부족을 타개할 방안으로서 쇼군의 답례은을 염두에 두고 있었다. 사행 내에서 사전정지 작업을 맡아줄 사람으로서 외척 박재를 부사로 지명한 것이다.

박재는 교토에서 전명 후에 쇼군의 답례은이 도착한 다음 날인 1617년 9월 6일에 국가 비용으로 충당하자는 것을 역관을 통해 정사 종사관에게 내비치도록 하였다. 결국 왜관에 보관된 답례은 6천 냥은

---

84) 朴梓, 『東槎日記』, 1617년 6월 24일, "統制使別爲設餞, 右兵使繼設, 右兵使李時英, 以餞別事來于船次, 醉談之間語及琴材, 李曰, 吾有蘗桐, 請留一詩生, 卽口授曰, 冷冷蘗下琴, 瑟瑟松風吟, 高調何寥亮, 郡邪自可禁, 李曰, 吾胸中自無邪慮之可禁, 盖念有所含畜之意也. 生曰, 古人以琴爲禁禁邪心也. 吾之所詠, 有何所爲而發哉? 收稅官日, 此作甚合琴銘云云, 李則不知詩者也. 何足云哉? 前者, 吾以正言劾李大諫, 李必榮力救而不聽, 以此慮有譏諷之意, 可笑可笑."

1618년 6월에 국가 비용으로 전용되었다. 박재가 사행 내에서 답례은
의 용처를 국가 비용에 충당하도록 주선한 사정은 삼사의 기록에 거
의 나타나지 않는다. 문제의 각도를 넓혀 본다면 1607년부터 1655년
통신사까지 쇼군의 답례은은 고스란히 동래부의 일본 사자를 접대하
는 비용에 쓰였고 잦은 흉년 구제용으로 쓰였다는 점을 주시해야 한
다. 일본 내에서 은의 유통망, 조선 국왕에 대한 답례품으로 배정되는
은의 의미도 선행적으로 밝혀져야 한다. 일본에서 들여온 은이 일본
사자의 접대에 충당된 사정, 현실론의 차원에서 쇼군의 답례은이 내
정의 비용으로 배정된 요인도 검토되어야 한다. 본격적인 검토는 후
고를 기약하고자 한다.

　박재의『동사일기』에는 선행 연구에서 명확하게 밝혀지지 않았던
발행이 지연된 조선의 사정이 기록되어 있다. 부사의 재차 지명을 포
함하여 3차례나 출발이 연기됨으로써 쓰시마번 사자 굴지정은 항의
차 중도 귀환하는 사태가 발생하였다. 통제사·좌수사·수세관은 부산
에 도착한 삼사를 설득하여 일본 사자와 조선쪽의 의사를 잘 중개하
지 못한 책임을 훈도 한상에게 돌려 처벌하였다. 광해군은 몇 차례
유지를 보내서 이미 지연되었다는 것을 서계로 쓰시마번에 보냈기 때
문에 다시 서계를 발행해서는 안 된다고 지시하였다. 또 쓰시마번에
서 새로운 사자가 출발 기일을 알아보고 사신 배행의 목적으로 도해
할 것임을 알려주었다. 정사 종사관 2인의 사행록은 모두 부산 출발
에서 부산 도착까지만 기록되었기 때문에 조선의 내부 사정이 드러나
있지 않다.

　박재의 사행록이 도성 출발에서 도성 도착까지 기록되었다는 사실
에 주목해 보면, 1590·1607·1617·1624·1636년까지 모두 5회의 일본

사행록에서 부사의 사행록이 전 여정이 기록되었음을 알 수 있다. 비록 1643년 통신사행부터 달라지기는 하지만 5회에 걸쳐 유지된 사행록 작성의 관행이었다는 사실이 소홀히 다뤄져서는 안 되겠다. 이 점과 관련하여 앞으로 사행록의 작성 방식을 심도 있게 고찰해야 할 필요성이 제기된다. 혹 삼사 간의 업무 분담과 관련된 사안이 아닐지도 모르겠다.

저자는 건강 문제로 사행 중의 상당 기간을 외부 활동을 제대로 할 수 없어서 일록을 소략하게 적었다. 쓰시마번에 체류한 7월 12일부터 찬기침을 하기 시작하였고 전명을 위해 교토에 체류한 시기에는 심하게 학질을 앓아서 피로인 쇄환, 발행 등의 외부적 활동을 제대로 하지 못한다. 9월 13일에 학질이 나았다고 했지만 줄곧 익위승양탕을 복용하면서 기운이 평온하지 않은 상태가 복명일까지 이어졌다.

저자가 일본 사행 중에 내내 외부 활동이 불가능했던 것은 아니었기 때문에 일록의 양이 적은 것을 모두 건강의 요인으로 돌릴 수는 없을 것이다. 대체로 건강 사정이 좋지 않았기 때문에 저자는 정사 종사관 쓰시마번의 승려와 창수한 시를 되도록 옮겨적어 사행록을 채우려 하였다. 그는 주로 외원조가 되는 정몽주, 1590년 통신 부사 김성일이 일본 사행중에 지은 시를 적어와서 그 시에 차운해서 지었다. 외증조 권주가 성종대에 대마도경차관으로 다녀온 사실에 각별히 관심을 가지고 쓰시마번의 외교승 겐포에게 외증조의 사적을 편지로 물었다. 사카이에 도착해서는 1590년 부사 김성일과 1596년 정사 황신이 다녀간 위치를 가늠해 보기도 하였다.

이에 비해 정사 오윤겸의 사행록은 일록과 시문으로 이루어졌고, 부사 종사관의 것에 갖추어진 일본견문록이 없다. 오윤겸은 사행중에 지은 시문의 일부를 수록하였다. 이에 비해 이경직은 시문을 거의 옮겨적지 않았다. 역시 사행록이 후일 타인에게 참고가 되는 것이고 사명을 수행한 기록이므로 정사 종사관 둘 다 시문 전재는 중시하지 않은 게 아닌가 한다. 이경직은 삼사 가운데 가장 젊은 나이였고 사행을 앞서서 챙기고 기강을 세워야 하는 종사관이었기 때문에 활동량이 많았다. 이경직의 사행록은 아주 자세한 편이다.

다음으로『동사일기』의 자료적 속성을 정리하고자 한다. 규장각한국학연구원에 소장된『동사일기』는 필사자가 박재의 후손도 아닌 제3자이다. 아들의 이름자가 여러 번 틀리고 지명이나 용어가 엉뚱하게 쓰여진 것이 있으며, 종종 가운데 몇 자를 비워놓거나 필사하면서 수정한 흔적이 있다. 이러한 한계점이 있기는 하지만 아직 일본사행록에 대한 다면적 고찰이 없는 만큼, 박재의『동사일기』는 그러한 의문점을 해명해 줄 수 있는 여지를 남긴다.

통신사 전별연과
『송박재봉사일본서첩』

   2차 통신사 관련 기록으로는 정사 오윤겸, 부사 박재, 종사관 이경직이 기록한 사행록 3종과 박재가 지인들로부터 받은 신장(贐章) 첩이 남아 있어서, 임란 이후 12차 파견된 통신사 가운데 가장 기록이 완벽한 편이다.

   먼 길을 떠날 때에 지인들이 신장을 지어주는 문학적 관습이 오래 전부터 계속되었다. 임란 이후 통신사 신장에 관한 본격적인 연구는 8차 통신부사 임수간의 『돈와부군일본사행시신장(遯窩府君日本使行時贐章)』에 관한 논문이 유일한데[1], 이 신장은 원본이 아니라 『동사일기(東槎日記)』에 베껴놓은 필사본이다.

   신장첩 원본은 2차 통신부사 박재의 『송박재봉사일본서첩(送朴榟奉使日本序帖)』과 11차 통신정사로 임명되었던 서명응(徐命膺)의 『서명응통신정사석별시문(徐命膺通信正使惜別詩文)』 2종뿐인데, 이 가운데 서명응은 정사로 임명받았을 때부터 주변 지인들에게 신장을 요청하여

---

1) 한태문, 「조선후기 通信使의 贐章 연구 – 「遯窩府君日本使行時贐章」을 중심으로」, 『語文硏究』 73집, 2012.

백여 편을 받았지만 실제로 일본에 파견되지는 않았다. 따라서 통신
사로 다녀온 사행원이 받았던 신장첩은 박재의 『송박재봉사일본서첩
(送朴梓奉使日本序帖)』이 현재로서는 유일하다.

박재의 『송박재봉사일본서첩』은 규장각 해제와 몇 편의 논문에서
그 존재가 소개되기는 했지만2), 2차 통신사 400주년을 맞아 이 신장
첩이 만들어지는 과정을 살펴보면서 통신사 신장첩의 의의를 찾아보
고자 한다.

이 별장첩에 표제가 없었으
므로, 첫 면에 실린 「送回
答副使朴典翰渡海入日本
序」를 별장첩 전체의 제목
으로 인식하여, 규장각에서
『송박재봉사일본서첩(送朴
梓奉使日本序帖)』이라는
제목을 붙였다.

---

2) 안대회, 「임란 이후 해행(海行)에 대한 당대의 시각」, 『정신문화연구』 35권 4호,
   2012; 이상규, 「1617년 회답부사 朴梓의 『東槎日記』 고찰」, 『韓日關係史硏究』 55
   집, 2016.

1. 신장(贐章)의 문학적 관습

신(贐)의 용례는『맹자(孟子)』에서 보인다.

> 송(宋)에 있을 때에 내가 멀리 간 적이 있는데, 길을 떠나는 자에게
> 는 반드시 노자[贐]를 주기 마련이다. "노자[贐]로 준다"고 하였으니,
> 내 어찌 받지 않겠느냐?[3]

맹자가 제나라 왕이 준 금 100일(鎰)은 받지 않고 송(宋)에서 준 70
일과 설(薛)에서 준 50일을 받은 것에 대해 제자 진진이 옳고 그름을
따지자, 맹자가 '길 떠나는 사람이 노자(贐)를 받는 것은 관례이지만
재물을 주는 것은 받을 수 없다'고 밝힌 것이다. 주자(朱子)는 신(贐)을
"길 떠나는 사람을 보내는 예[贐, 送行者之禮也]"라고 해석하였다. 그렇
다면 신장(贐章)은 "노자 삼아 주는 글"이라고 볼 수 있다. 박재의 경우
를 놓고 본다면 어떤 사람은 글만 주었고, 어떤 사람은 노자와 글을
함께 주었다.

현재 12차 사행 가운데 신장이 확인되는 경우는 다음과 같다.[4]

번호	사행록	연도	저자	소장처	신장(贐章) 여부
1	해사록 (海槎錄)	1607	副使 慶暹	국립중앙도서관	
2	해동기 (海東記)	1607	軍官 蔣希春	국립중앙도서관	贐行別章 편집

---

3) 當在宋也, 子將有遠行, 行者必以贐, 辭曰饋贐, 子何爲不受. -『孟子』卷四,「公孫
  丑章句下」
4) 다른 사행의 신장을 계속 조사하고 있으므로, 이 표는 수정 보완할 계획이다.

3	동사상일록 (東槎上日錄)	1617	正使 吳允謙	국립중앙도서관	
4	동사일기 (東槎日記)	1617	副使 朴榟	서울대 규장각	송박재봉사일본서첩 (送朴榟奉使日本序帖)
5	부상록 (扶桑錄)	1617	從事官 李景稷	국립중앙도서관	
6	동사록 (東槎錄)	1624	副使 姜弘重	국립중앙도서관	別章
7	병자일본일기 (丙子日本日記)	1636	正使 任絖	국립중앙도서관	東槎詩 편집
8	사상록 (槎上錄)	1636	副使 金世濂	국립중앙도서관	
9	해사록 (海槎錄)	1636	副使 金世濂	국립중앙도서관	
10	동사록 (東槎錄)	1636	從事官 黃㦿	국립중앙도서관	
11	해사일기 (海槎日記)	1636	能書官 全榮	국립중앙도서관	
12	동사록 (東槎錄)	1643	副使 趙絅	국립중앙도서관	
13	해사록 (海槎錄)	1643	從事官 申濡	국립중앙도서관	
14	계미동사일기 (癸未東槎日記)	1643	미상	국립중앙도서관	
15	부상일기 (扶桑日記)	1655	正使 趙珩	미국 하버드대 옌칭도서관	
16	부상록 (扶桑錄)	1655	從事官 南龍翼	국립중앙도서관	
17	문견별록 (聞見別錄)	1655	從事官 南龍翼	국립중앙도서관	
18	일본기행 (日本紀行)	1655	軍官 李東老	일본 天理大學	
19	동사록 (東槎錄)	1682	首譯 洪禹載	국립중앙도서관	
20	동사일록 (東槎日錄)	1682	押物通事 金指南	국립중앙도서관	이장영 송별시

21	승사록 (乘槎錄)	1682	正使 尹趾完	성균관대 존경각	
22	동사일기 (東槎日記)	1711	副使 任守幹	국립중앙도서관	동사일기부록 遯窩府君日本使行時贐章
23	동사록 (東槎錄)	1711	押物通事 金顯門	일본 京都大學	
24	동사록 (東槎錄)	1711	正使 趙泰億	국립중앙도서관	
25	해사일록 (海槎日錄)	1719	正使 洪致中	일본 京都大學	
26	해유록 (海遊錄)	1719	製述官 申維翰	국립중앙도서관	
27	부상기행 (扶桑紀行)	1719	子弟軍官 鄭後僑	일본 京都大學	
28	부상록 (扶桑錄)	1719	軍官 金瀹	국립중앙도서관	
29	수사일기 (隨槎日錄)	1747	子弟軍官 洪景海	서울대 규장각	
30	일본일기 (日本日記)	1747	從事官 曹命采	일본 京都大學	
	봉사일본시문견록 (奉使日本時聞見錄)	1748	從事官 曹命采	서울대학교 규장각	
31	해사일기 (海槎日記)	1763	正使 趙曮	국립중앙도서관	
32	일관기 (日觀記)	1763	製述官 南玉	국사편찬위원회	
33	일본록 (日本錄)	1763	書記 成大中	고려대 중앙도서관	
34	승사록 (乘槎錄)	1763	書記 元重擧	고려대 六堂文庫	
35	화국지 (和國志)	1763	書記 元重擧	일본 成簣堂文庫	
36	사록 (槎錄)	1763	軍官 閔惠洙	고려대 六堂文庫	
37	명사록 (溟槎錄)	1763	漢學上通事 吳大齡	국립중앙도서관	

38	계미수사록 (癸未隨槎錄)	1763	船將 卞琢	국립중앙도서관	
39	일동장유가 (日東壯遊歌)	1763	書記 金仁謙	서울대 규장각	
				단국대 연민문고	
40	일관창수 (日觀唱酬)	1763	製述官 南玉	국립중앙도서관	
41	일관시초 (日觀詩草)	1763	製述官 南玉	국립중앙도서관	
42	해행일기 (海行日記)	1763	正使 趙曮	국사편찬위원회	
43	신미통신일록 (辛未通信日錄)	1811	正使 金履喬	김동규 소장	
44	청산도유록 (淸山島遊錄)	1811	書記 金善臣	국립중앙도서관	
45	동사록 (東槎錄)	1811	軍官 柳相弼	고려대 六堂文庫	

2. 전별연과 신장(贐章) – 박재의 경우를 예로 들어서

통신사가 일본으로 떠나는 과정에서 다양한 전별연(餞別宴)이 베풀어졌는데, 지인들이 개별적으로도 전별연을 베풀어 주었지만 국가 차원에서도 여러 차례 전별연을 베풀어 주었다. 전별연은 글자 그대로 단순한 전별 잔치일 수도 있지만, 공식적인 전별연에서는 이선악(離船樂, 배따라기)을 중심으로 하는 공연이 곁들여졌다. 전별연에서 물건을 선물하는 경우도 있지만, 대개는 신장(贐章)을 지어 주었다.

박재는 2차 통신사의 정사와 종사관이 임명된 지 두 달 뒤에야 부사로 임명되었다. 『동사일기』 앞부분에 그러한 사연이 기록되어 있다.

만력 44년(1616) 모월 모일에 조정에서 일본의 관백(關伯)이 원수를
탕멸해 준 일로 인해 옛 우호를 다시 맺고자 하였다. 이에 쓰시마로
하여금 서계(書契)를 가지고 와 묘당(廟堂)과 통교하게 하여 특별히
회답사(回答使)를 차임하여 보내고, 임진왜란 때에 포로가 되었던 사
람들을 쇄환(刷還)하는 일을 겸하게 하였다. 정사년(1617) 정월 27일
에 상사(上使)와 종사관(從事官)을 차출하였는데, 몇 달 동안 지체하
면서 부사(副使)는 차출하지 못하다가 같은 해 3월 13일에 비로소 이
박재(朴榟)를 차출하였다. 병진년(1616) 7월부터 조정에서 물러나 충
원(忠原)에 있는 부모님의 묘에서 지내다가, 4월 18일에 비로소 제수
되었다는 뜻밖의 소식을 듣게 되었다. 같은 달 21일에 배에 올랐고,
25일에 도성에 들어가 그 다음날 사은숙배하였다. 상께서 절월(節鉞)
을 내리도록 명하시고, 또 물러나 떠날 날짜를 정하게 하셨다. 처음
에는 날짜가 5월 1일로 정해졌었는데, 12일로 미루어졌다가, 배표(拜
表)로 인해 다시 같은 달 28일로 미루어져, 이날 조정에 하직 인사를
올렸다.

박재는 정사와 종사관보다 두 달이나 늦게 부사로 임명되었지만,
그 소식마저 한 달 뒤에 들었다. 정사와 종사관은 1617년 1월 27일부
터 주변 지인들에게 신장을 요구했겠지만, 박재는 4월 26일 사은숙
배한 뒤부터 지인들에게 신장을 요구했을 것이다. 현재『송박재봉사
일본서첩(送朴榟奉使日本序帖)』에서 4월에 받은 글은 민형남(閔馨南)의
「증별박자정경형회답부사지행(贈別朴子挺庚兄回答副使之行)」과 금개(琴
愷)의 「송회답부사박자정부일본(送回答副使朴子挺赴日本)」 등이 '만력정
사맹하(萬曆丁巳孟夏)'와 '정사맹하하한(丁巳孟夏下澣)'이라는 표기로 확
인된다.

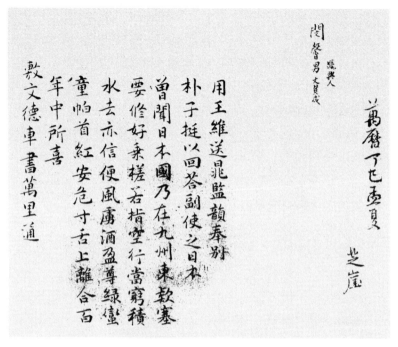

민형남이 4월에 박재에게 지어준 별장

박재는 지인들로부터 개별적으로 전별연을 받을 시간이 없었으므로, 왕에게 하직 인사를 올린 5월 28일부터 본격적으로 신장을 받기 시작하였다.

28일[신묘]

비가 오다가 진시(辰時)에 갬. 이 날 새벽에 비를 무릅쓰고 상사·부사·종사관과 일행의 각원들이 대궐에 나아가 하직 인사를 올렸다. 상께서 명하시어 인정전(仁政殿)의 행랑에서 술을 하사하고, 사신들에게 마장(馬裝) 한 부씩을 하사하도록 하셨다.

영의정과 예조판서가 상사(上使)와 동년에 급제하였으므로, 동년 배들끼리 만나 장악관(掌樂館)에서 전별회를 열고, 음악을 크게 연주하였다. 아울러 부사(副使)와 종사관도 재차 초청하였지만, 동년에 급제한 사람들끼리의 모임이라 하여 사양하고 가지 않았다. 그러다가 결국 영상(領相)이 사람을 보내왔기에 부득이 대궐에서 나와 참석하였는데, 영상과 예조판서의 전별주만 마시고 앞질러서 사양하고 나왔다. … 결국 집에는 가지 못하고, 곧장 남대문을 나왔는데, 재상들이 전별사(餞別辭)로 남관왕묘(南關王廟)에 있다는 말을 듣고 가서 전별주를 받았다. 밀창(密昌, 박승종)과 병조참판 이각(李覺), 동지(同知) 이형욱(李馨郁), 동지 윤중삼(尹重三), 제학(提學) 신흠(申欽), 보덕(輔德) 유효립(柳孝立) 형제, 병조좌랑 이용진(李用晉)이 그 자리에 있었다. 한강에 이르러 송별해준 이들은 몹시 많아서 다 기록할 수가 없다. 명관(名官)으로는 제학(提學) 유근(柳根), 한림(翰林) 이구(李久) 형제, 이조 참의 유희발(柳希發), 상국(相國) 정창연(鄭昌衍), 첨지(僉知) 김지남(金止男)·김위남(金偉男) 형제, 교리(校理) 유약(柳瀹)이 있었다.

이날 광해군은 일행들에게 인정전 행랑에서 술을 하사하고, 사신들에게 마장(馬裝) 한 부씩을 하사하였다. 영의정 기자헌(奇自獻)과 예조판서 이이첨(李爾瞻)이 전별연을 베풀었지만, 신장은 주지 않았다. 남관왕묘 전별연에 참석한 지인들 가운데 병조좌랑 이용진(李用晉)의 「상회답부사박전한족하계(上回答副使朴典翰足下啓)」와 「봉증박사장부개지행(奉贈朴詞丈副价之行)」, 첨지 김지남(金止男)의 「박군후자정봉사일본십운율(朴君候子挺奉使日本 十韻律)」이 이날 지어졌을 것이다.

6월 초1일[갑오]

저녁에 김 첨지(金僉知)가 와서 전별하였다. 사돈인 김 생원(金生員)

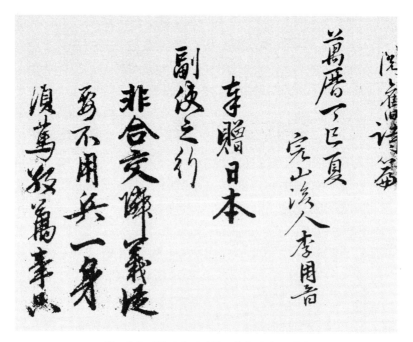

병조좌랑 이용진이 남관왕묘에서 지어준 별장

과 중방동(中邦洞)의 여러 사람들이 모두 와서 만났다. 민함(閔涵)·조공숙(趙公淑)·이분(李蕡)이 산계(山溪)로부터 와서 만났다.

6월 1일 고향 천포(샘개)의 전별연에 참석했던 지인들 가운데 조공숙(趙公淑)이 5월 하순에 지은 신장을 이날 전달했을 것이다.

초3일[병신]

가마로 북진(北津 남한강)을 건너 미시(未時)에 충원(忠原)에 도착해, 상사와 종사관에게 인사하였다. 공홍도사(公洪都事) 김진(金縉)이 감사(監司)를 대신하여 연향을 맡아 이미 도착해 있었다. 상사의 지대관

業直涉鯨濤　鵬風振地應驚異容之鄉心　人臣職分寧辭遠役之勞

萍遠浮鷺背　蜒雨連灣定濕故國之歸夢　男子礦懷庶著此趍之願

曾仲尼之收訓栗貊可行　不貪為寶明珠弃尾礫同憔　廣公利器嘗試盤根

嗚乎鄒孟之所補丈夫不屈子　惟義是安白刃與軒裳一致　趙國兼金肯儲憔橐

鄭先生高節盍獨美於前朝　傷離出涕不作兒女之悲　臨別贈言茲豈古人之義

金副健勁探是所望於今日

萬曆丁巳仲夏從侄平壤後人趙公淑

拜

조공숙이 박재의 고향 천포(샘개)에서 지어준 별장

은 청안현감(淸安縣監)이고, 부사의 지대관은 충원현감(忠原縣監) 이경
전(李慶全)이었다. 서원현감장(西原縣監將)과 충원 연향병판사(忠原宴
享竝辦事)가 와 있었다. 저물녘에 생원(生員) 정의온(鄭毅溫), 김응해(金
應海), 문엽(文燁) 형제와 군관을 만나 작은 술자리를 마련하였다.

초4일[정유]

맑음. 사시(巳時)에 연향을 베풀었다. 상사가 동벽에 앉고 차례대
로 부사, 종사관이 앉았다. 공홍도사(公洪都事)가 서벽에 마주 앉고,
박대근(朴大根)과 정언방(鄭彦邦)은 뒷줄로 차등을 두어 동벽의 말석
에 앉았다. 군관 등은 삼사(三使)의 뒤에 앉고, 역관들은 도사(都事)의
뒤에 앉았다. 별파진과 기패관은 남쪽 기둥 밖에 앉았다. 공주와 서
원(西原, 청주), 충원(忠原)의 기악(妓樂)들이 모두 모였다. 거상악(擧床
樂)은 여민락만(與民樂慢)으로 시작해서, 그 다음은 보허사(步虛辭) 무
동(舞童), 그 다음은 상발(尙鉢) 춤, 그 다음은 영산회산(靈山會散) 처
용무(處容舞), 그 다음은 계면조(界面調) 파연곡(罷宴曲)으로 하였다.
같이 온 노비들도 중문 밖에서 연향을 즐겼다. 해질 무렵에 상사가
와서 만났다.

6월 4일 충주에서 베풀어진 전별연은 다양한 순서로 진행되었는
데, 상사가 참석치 못해 부사 박재를 위한 잔치였다. 부사의 지대관인
충원현감 이경전의 신장 「봉송박자정선생이회답부사지일본(奉送朴子
挺先生以回答副使之日本)」이 6월 3일, 또는 4일에 지어졌을 것이다.

초10일[계묘]

점심을 풍산(豊山)5)에서 먹었고, 첩모(妾母)를 뵙고 괴정(槐亭)에 앉
아 있었다. 이경(李璟)·권순(權詢)·이진(李珍)·김사공(金士恭)·김사겸

충주 전별연에서 충원현감 이경전이 지어준 별장

(金士儉)·오윤(吳䎙)·정헌(鄭憲)·김사득(金士得)·이태(李玳)·권강(權杠)·권득여(權得興)·이평(李坪)·권천민(權天民)·황진경(黃振經)·남희정(南希程)·이진(李瑱)·이약(李鑰)·이익(李釴)·이광원(李光遠)·이연(李璉)·이명원(李明遠)·정유번(鄭維藩)·김광한(金光漢)·김광택(金光澤)·김광옥(金光沃)·김광현(金光灦)·이정로(李廷老)와 이정립(李廷立)

---

5) 풍산(豊山) : 현재 경상북도 안동에 속해 있는 풍산읍을 말한다. 1018년(현종 9) 안동의 속현으로 하였다가 1172년(명종 2) 감무(監務)를 두었다가 뒤에 다시 안동에 귀속시켰다. 사행 당시에는 풍산이 아직 다시 안동의 속현이 되지 않았을 때이다.

형제가 와서 만났다. 이 가운데 이약 등 10여 명만이 글을 가지고
와서 전별하였다.

박재의 선영이 풍산에도 있었으므로, 박재에게는 6월 10일의 풍산
전별연이 11일 안동에서 공식적으로 베풀어지는 전별연 못지않게 뜻
깊은 자리였다. 박재는 이날 참석한 지인들의 이름을 28명이나 기록
했는데, "이 가운데 이약 등 10여 명만이 글을 가지고 와서 전별하였
다."고 아쉬워했다. 그나마 이들의 글도 현재『송박재봉사일본서첩(送
朴榟奉使日本序帖)』에서 확인되지 않는데, 아마도 이름 없는 신장 가운
데 끼어 있을 가능성이 있다.

11일[갑진]
맑음. 이호(李瑚) 형님·이연(李碗)·박문범(朴文範)·박승립(朴承立)·
김두일(金斗一)·김창선(金昌先)·김기선(金起先)·김영(金瑛)·이정로
(李廷老) 형제·오여방(吳汝榜)의 손자 윤조(胤祖)·권득평(權得平)·이
경배(李敬培)·이득배(李得培)·이진(李瑱)·이익(李釴)·신석무(申碩茂)·
안귀수(安貴壽)·정항(鄭亢)·정숙(鄭俶)·이광위(李光煒)·정삼선(鄭三
善)·오윤(吳氵+啇)·권태정(權泰精)·이위(李暐)·이여빈(李汝馪)·권포(權
浦)·강종서(姜宗瑞)·진사(進士) 배득인(裵得仁)·박호신(朴好信)·권항
(權恒)·김득칭·권흘(權忔) 등이 와서 만났다. 참의 이지(李遲)와 아우
이형(李逈)이 서헌(西軒)에서 연회를 베풀었다. 금(琴)과 노래를 번갈
아 연주하고, 춤추는 대열이 쌍쌍이 짝을 이루었다. 아울러 군관 등
을 초대해서 함께 마셨다. 이지(李遲)가 취한 중에 북을 치려 했는데,
상사가 있는 곳에서 북을 치는 것이 불편한 마음에 제지했다. 오후의
연향에서 상사 이하는 동벽의 교의(交倚)에 앉았는데, 자리의 차례는
충원에서 연향했을 때의 자리와 같았다. 거상악(擧床樂)은 여민락만

곡(與民樂慢曲)으로 하였고, 그 다음에 보허사(步虛辭) 무동(舞童), 영
산회산(靈山會散)과 처용무(處容舞), 탕장곡(盪漿曲), 헌선도(獻仙桃),
계면조(界面調) 연파곡(宴罷曲)을 차례대로 연주하였다. 칠작례(七酌
禮)를 마친 뒤에, 감사(監司)가 편하게 앉아서 잔을 올리기를 청했다.
상사와 부사, 종사관 및 감사가 자리를 마주하고 술을 마셨다. 상사
가 먼저 일어나 나가고, 잠시 뒤 이어서 일어났다.

11일 안동 전별연에 참석한 지인 30명의 이름을 일일이 열거하고,
전별연의 순서도 자세하게 기록했지만, 이들의 글도 현재『송박재봉
사일본서첩(送朴梓奉使日本序帖)』에서 확인되지 않는데, 아마도 이름
없는 신장 가운데 끼어 있거나 호(號)로 기록했을 가능성이 있다.

15일[무신]
오시(午時)가 끝날 무렵에 신령(新寧)에 들어갔다. 의흥에서 여기까
지 43리이다. 상사는 서헌(西軒)으로 들어가고 나는 동헌(東軒)에 자
리 잡았는데, 서헌에 천석(泉石)과 죽림(竹林)의 경치가 있기 때문이
었다. 상사의 지대는 본현 현감 권위(權暐)가, 부사의 지대는 신안(新
安) 현감 김중청(金中淸)이 맡았다. … 저물녘에 신안(新安)과 신령(新
寧)의 두 수령이 삼사(三使)에게 술을 올리고자 하였는데, 간절히 청
하기에 함께 참석하였다.

15일 저녁 신령현 객관에서 상사의 지대 신령현감과 부사의 지대
신안현감이 술자리를 마련했는데, 이때 부사의 지대인 신안현감 김중
청(金中淸)이 신장을 지어 주었을 것이다. 이 글은 현재『송박재봉사일
본서첩(送朴梓奉使日本序帖)』에서 확인되지 않고, 김중청의 문집인『구

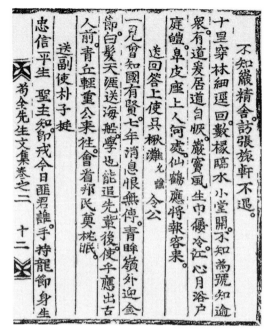

김중청이 지어준 별장은 서첩에 보이지 않고, 그의 문집 『구전집』에만 실려 있다.

전집(苟全集)』권2에 실려 있다.

> 忠信平生聖主知。卽戎今日匪君誰。
> 手持龍節身生死。槎泛鯨波路險夷。
> 牛酒迎車婁未貴。絃歌坐幄奧方奇。
> 不須不拜煩相贈。且待王風動海湄。「送副使朴子挺」

17일[경술]

미시에 경주(慶州)에 도착했다. 아화역에서 여기까지 50리이다. 상사의 지대는 본부(本府)의 부사(府使)가 맡았다. 대원군(帶原君) 윤효전(尹孝全)과 판관 허경(許鏡)이 이때 아직 임소에 도착하지 않았다.

부사의 지대를 맡은 경산(慶山) 현감 이변(李忭)과 종사의 지대를 맡은 흥해(興海) 군수 정호관(丁好寬)이 모두 와서 안부를 물었다.

18일[신해]

오후의 연향 때에 동벽의 자리는 지난번과 같았고, 부윤(府尹)과 흥해 현감은 서벽에 앉았다. 연향 음식은 안동만 못했지만 기악은 더 나았고, 아백황(牙白黃)을 추었다. 제랑(諸郎)들이 또 채익(彩鷁) 한 척을 관아에 가져다 두고 소기(小妓)들에게 노 젓는 흉내를 내게 하였고, 군의 기생들이 다 같이 탕장곡(盪漿曲)을 부르는데 그 소리가 탄식하는 듯했다. 칠작례(七酌禮)를 행한 후, 부윤이 편하게 앉아 마시기를 청했다. 군관과 역관들 또한 주량에 따라 마시고, 두 사람이 마주보고 춤추게 했다. 잔치 후에 연이어 가마를 타고 봉황대(鳳凰臺)에 오르니, 날이 이미 어두워져있었다. 세 줄로 기생들이 늘어서 있었고 온갖 횃불이 밝게 빛났으며, 노랫소리는 구름도 멈출 듯 아름답고 긴 피리소리는 맑았다. 거의 이경(二更)이 되어서 기생들에게 가무를 청하게 하고 돌아왔다.

경주 전별연에서도 기생들이 다 같이 탕장곡(盪漿曲)을 부르며 춤을 추었는데, 부사의 지대를 맡았던 흥해군수 정호관(丁好寬)이 17일, 또는 18일에 「송회답부사지일본(送回答副使之日本)」을 지어주었을 것이다.

25일[무오]

맑음. 부산에 머물렀다. 조도사(調度使) 한덕원(韓德遠)이 경상우도(慶尙右道)에서 와서 만났다. 동래부사 황여일(黃汝一)이 각 병정관(竝定官)에게 술자리를 마련하도록 분부하였는데, 밤이 되어서야 끝났

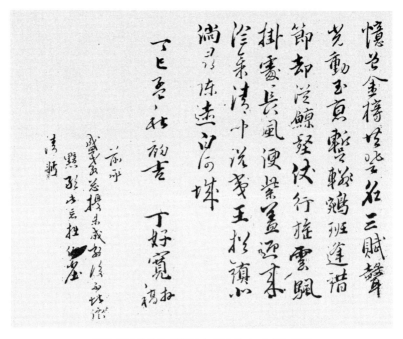

경주 전별연에서 흥해군수 정호관이 지어준 별장

다. 수세관(收稅官) 윤민일(尹民逸)이 배 위에서 증별시를 주었는데 다음과 같다.

영욕(榮辱)의 부침이 얼마나 되는가.	榮辱昇沈問幾何
근래 인간사가 괴롭게 마찰 빚었네.	向來人事苦相磨
사신의 배를 타고 교룡(蛟龍)의 굴로 건너가시니,	乘槎試涉蛟龍窟
험악하기가 거친 세상 벼슬살이와 같겠구려.	險惡爭如宦海波

25일에 동래부사 황여일이 술자리를 베풀고 수세관 윤민일이 증별시를 지어주었는데, 윤민일의 증별시는 『송박재봉사일본서첩(送朴榟奉使日本序帖)』에서 확인되지 않는다.

동래부사 황여일이 술자리를 베풀며 지어준 별장

초4일[병인]

동래부사 황여일(黃汝一)이 읊은 시[東萊府使黃汝一所吟]

기개에 산도 물러서고,	氣岸山還讓
위풍에 바다도 얼어붙으려 하네.	風稜海欲氷
예전부터 공이 시를 읊는 줄 알고 있어	知公誦詩舊
내 그 사람 만나게 됨을 진작 기뻐하였네.	喜我得人曾
방장산에 노을이 멀리 들려져 있고,	方丈霞遙擧
부상(扶桑)에 해가 가까이 올라,	扶桑日近昇
이번 행차가 성상의 교화에 힘입었으니,	玆行憑聖化
섬들이 모두 서쪽 향해 복응할 걸세.	列島盡西膺

삼가 차운하다[敬次]

항아리만한 부상(扶桑)의 누에고치　　　　　　如甕扶桑繭

금빛이 옥과 얼음 같네.　　　　　　　　　　　金輝襯玉氷

오색실[色絲]6)은 들어 익숙히 알았다지만　　　色絲聞已熟

하늘에 솟은 광염[天焰]7)은 언제 보았던가.　天焰見何曾

기개는 가을 파도를 압도하듯 장대하고　　　氣壓秋濤壯

광채는 바다 해와 다투어 높이 오르니,　　　光爭海日昇

읊을수록 웅건해　　　　　　　　　　　　　吟來轉雄建

한 글자 한 글자 마음에 새길만하네.　　　　字字可銘膺

7월 4일 동래부사 황여일이 지어준 시가 『송박재봉사일본서첩(送朴梓奉使日本序帖)』에 실려 있으며, 박재가 즉석에서 차운하여 황여일에게 지어주었다.

---

6) 오색실[色絲] : 동래 부사의 절묘한 글 솜씨를 칭찬한 말이다. 후한(後漢)의 채옹(蔡邕)이 조아비(曹娥碑)에 '황견유부 외손제구(黃絹幼婦外孫虀臼)'라고 써 두었다. 후에 삼국 시대 양수(楊修)가 이를 파자하여 "황견은 색이 있는 실[色絲]이므로 절(絕)자가 되고, 유부(幼婦)는 소녀이므로 묘(妙) 자가 되고, 외손(外孫)은 딸의 아들[女子]이므로 호(好) 자가 되고, 제구(虀臼) 즉 절구는 매운 것을 받아들이는[受辛]것이므로 사(辭)가 된다. 따라서 '절묘호사(絕妙好辭)' 즉 절묘한 좋은 글이란 뜻이다."라고 풀이하였다. ≪世說新語·捷悟≫

7) 하늘에 솟은 광염[天焰] : 이 역시 동래 부사의 시가 훌륭함을 칭찬한 말이다. 한유(韓愈)의 시 〈조장적(嘲張籍)〉에 "이백 두보의 문장은 지금도 남아 있어, 만 길이나 높은 광염을 내뿜는다.[李杜文章在, 光焰萬丈長.]"고 한 데서 온 말로, 문장이 대단히 뛰어남을 뜻한다.

3. 신장(贐章)의 편집 방법

1) 신장의 요구

통신사로 임명되면 공식적인 절차에 따라 사행(使行)을 준비했지만, 개인적인 만족을 위해 지인들에게 신장을 요구했다. 8차 통신부사 임수간의 신장첩을 편집한 경주부윤 남지훈(南至薰)이 발문에서 "학사 임용예(任用譽, 임수간)가 장차 일본 사절의 걸음을 앞두고 조정 고관들과 사우(士友)들에게 전별의 글을 구하여 하나의 큰 축(軸)을 만들었다"고 하였다. 전별연에 참석하는 지인들이 자발적으로 지어 오는 경우도 있겠지만, 신장첩을 편집하려면 분량이 넉넉해야 하기 때문에 당사자가 신장을 지어오라고 요구하기도 했던 것이다. 박재의 『동사일기』에는 신장을 요구한 기록이 보이지 않는다.

2) 한양, 또는 쓰시마에서의 편집

1763년 2월에 11차 통신정사로 임명되었다가 7월에 유배가게 되어 통신정사 임명이 취소된 서명응(徐命膺)의 경우에는 여러 달 시간적인 여유가 있었으므로, 한양에 있는 동안 백여 명이나 되는 지인들로부터 신장을 받았다.[8] 이봉환(李鳳煥)에게 서문을 부탁하고, 강호부(姜浩溥)에게 발문을 받았으니, 일본에 다녀오지 않고도 신장첩 편집이 완성된 것이다.

그러나 박재는 시간적인 여유가 없었으므로 한양에서는 물론, 부

---

8) 송지원의 규장각 해제에 의하면 "대부분이 계미년(1763) 5월에서 7월 사이에 쓰여"졌다고 한다.

산까지 내려가는 도중에도 계속 신장을 받았다. 신장첩을 편집할 시
간이 없었다.

1607년에 파견된 1차 통신사 경우에는 일본에서 신장첩을 편집한
기록이 군관 장희춘(蔣希春)의 『해동기(海東記)』에 보인다.

초7일. 경오. 맑음.
부중(府中)에 머물렀다. 삼사가 전별 때 받은 별장[贐行別章]을 일
일이 살펴보고, 각각 두꺼운 닥종이에 배열하여 하나의 시축(詩軸)을
만들었다.

임란의 의병장이었던 장희
춘은 군관으로 통신사행에 참
여했는데, 삼사(三使)가 전별
때에 받은 신장을 하나하나
검토하여 하나의 시축으로 편
집하였다. 쓰시마에서 순풍을
기다리는 동안 신장첩을 편집
했는데, 필사한 것이 아니라
두꺼운 닥종이에 원본을 그대
로 붙였다. 1차 통신사의 신장
첩은 아직 발견되지 않았다.
박재도 조선에서는 신장첩을
편집할 시간이 없었으므로 쓰
시마에서 편집할 수도 있었는

1607년 통신사 군관 장희춘이 3월 7일 쓰시마후
추에서 별장을 시축으로 편집했다는 기록

데, 그에 관한 기록은 찾아볼 수 없다.

박재의 신장첩은 현재진행형인 미완성의 신장첩이다.

4. 『송박재봉사일본서첩』의 체재와 재편집의 필요성

2차 통신사 박재가 지인들로부터 받은 신장첩이 『송박재봉사일본
서첩(送朴梓奉使日本序帖)』이라는 명칭으로 불리게 된 이유는 규장각
해제에서 이 제목을 붙였기 때문인데, 잘못된 제목이다. 이 신장첩
표지에는 제목이 쓰여 있지 않은데, 유몽인이 지은 「송박재봉사일본

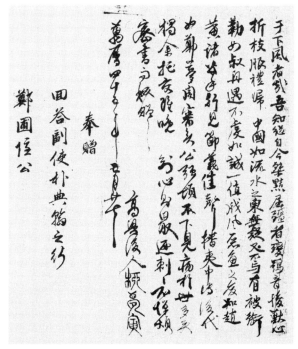

첫 번째 별장은 유몽인
이 지어준 것인데, 이
서첩의 표제가 없으므
로 이 서(序)의 제목이
별장첩 전체의 제목처
럼 알려졌다.

서(送朴榟奉使日本序)」가 이 신장첩의 첫 장에 실려 있으므로 해제자가
이 서문을 신장첩의 서문으로 잘못 인식하고『송박재봉사일본서첩(送
朴榟奉使日本序帖)』이라는 제목을 붙인 것이다. 이 신장첩의 제목은 다
시 정하는 것이 타당하다.

현재 이 신장첩의 내용은 다음과 같다.[9]

작가명	제목	형태	일시	동사일기 대비
柳夢寅	送回答副使朴典翰渡海入日本序	序	萬曆四十五年五月卄七日	
南窓 金玄成	奉贈回答副使朴典翰之行		萬曆丁巳*月南窓老翁稿	
芝崖 閔馨男		오언율시2수	萬曆丁巳孟夏	4월
	用王維送晁監韻奉別朴子挺以回答副使之日本	오언고시	萬曆丁巳仲夏下澣	
	又奉一絶	칠언절구		
南川 權斗文	2수			
迷湖道人	贈別朴子挺奉使日本		萬曆丁巳端陽日	
金止南 (金子定)	朴君侯子挺奉使日本十韻律		萬曆丁巳五月	5월 28일
癡峰	送朴子楨年兄之日本國	칠언절구 1수		
李安訥	奉送朴典翰子挺奉使日東		萬曆丁巳五月下澣	
미상	送回答副使赴日本		정육상한(?)	
裵大雅	시		丁巳孟夏下澣	
琴愷	送回答副使朴子挺赴日本		丁巳孟夏下澣	4월 하순
	送朴子挺副使日本			

---

9) 작가명이 대부분 호로 기록되었으므로, 몇 명의 인적사항을 계속 확인하고 있다.

閔鳳陽*	奉贈朴副使年兄			
丁好寬	送回答副使之日本			6월 18일
黃汝一		오언율시1수		7월 4일
李燼	贈別朴學士日本之行			
趙纘韓	贈別回答副使朴公赴日本序		萬曆丁巳季夏下浣	
趙國賓 (趙景觀)	詩序			
漢泉	詩序			
沈九	詩序			
李用晉	上回答副使朴典翰足下啓			5월 28일
	奉贈朴詞丈副价之行			5월 28일
白蓮居士	奉贈日本副使之行	뒷장 없음54		
靜谷 宋克訒	奉別朴子挺尊兄			
李景明	奉贈朴典翰子挺日本之行			
미상	送朴典翰子挺甫奉使日本序			
미상	奉贈朴典翰日本之行			
李慶全	奉送朴子挺先生以回答副使之日本			6월 3일 (6월 4일)
隨窩	敬奉回答副使朴子挺行軒		萬曆强圉大荒落皐月(5월)	
趙公淑	奉啓		萬曆丁巳仲夏	6월 1일 전달
樂山居士 金偉南			萬曆丁巳仲夏下澣	5월 28일

신장첩이 편집되지 않은 상태이므로 체재가 갖춰지지 않았으며, 순서도 원칙이 없다. 서문과 발문이 없고, 시기 순으로 편집한 것도 아니다. 유몽인의 송서(送序)가 앞에 실려 있지만, 그보다 먼저 4월에 받은 신장들이 뒤에 실려 있다.

6월 10일 풍산 전별연에 28명이나 참석하고 "이 가운데 이약 등 10
여 명만이 글을 가지고 와서 전별하였다."고 했는데, 그나마 이들이
가져왔다는 신장 10여 편도 지금의 신장첩에는 실려 있지 않다.

박재 주변의 인물들의 문집을 찾아보면 이 신장첩에 실리지 않은
신장들이 보인다.

贈朴子挺使日本

卉服來輸款塞誠。爲傳關伯剗諸平。

國讐已假他人復。恩典今憑敕使行。

紓患何煩端木辯。埋金應效杜暹淸。

須將異域山川勝。綴入新詩貯滿籯。 -高尙顏 『泰村集』

奉別回答使朴子挺之日本 二首

聖主同仁視遠區。詞臣銜 命出東隅。何曾惘惘有離色。獨自昂
昂眞丈夫。碧海千尋憑玉節。丹心一片證金烏。懸知竣事歸來日。
萬口雷騰曰使乎。

瓢繫慙吾雪滿冠。二年驪岸齒生酸。堪爲負弩故鄕老。不是收錢
私覿官。千里驥蹄開道路。九天鵬翼擊波瀾。雲泥雖遠心何隔。袖
裏須看一劍寒。 -金涌 『雲川集』

送副使朴子挺

忠信平生 聖主知。卽戎今日匪君誰。手持龍節身生死。槎泛鯨
波路險夷。牛酒迎車婁未貴。絃歌坐幄奧方奇。不須不拜煩相贈。
且待王風動海湄。 -金中淸 『苟全集』

임광이나 임수간의 신장첩을 후손이 편집한 예를 본다면, 지금이

라도 문중에서『송박재봉사일본서첩(送朴榟奉使日本序帖)』에 실린 신
장과 개별 문집에 실린 신장을 모두 수집하여 시대순으로 편집하고,
서문이나 발문을 작성하여 간행할 필요가 있다.

　2차 통신부사 박재의 지인들이 지어준 신장을 모은『송박재봉사일
본서첩(送朴榟奉使日本序帖)』(가칭)은 일본에 파견되었던 통신사 신장
첩 가운데 현존하는 유일본인데, 제대로 편집되어 있지 않아서 아쉽
다. 임란의 상처가 미처 아물지 않은 시기였으므로, 예전 일본에 파
견되었던 선조들을 이어받아 업적을 달성하라는 당부, 포로를 쇄환

임수간이 받은 별장들은
『동사일기』곤권에「돈와
부군일본사행시신장(遯
窩府君日本使行時贐章)」
이라는 제목으로 필사되
어 실려 있다.

하라는 당부, 일본의 실체를 파악하라는 당부 등이 신장에 담겨져 있
다. 평화로운 후대 통신사행의 신장과는 성격이 다르다. 문중에서 지
금이라도 이 신장첩을 재편집하여 국역 출판하면 조선통신사 기록
가운데 새로운 분야를 대표하는 문헌으로 인정받아 본격적인 연구가
시작될 것이다.

운계 박재의 생애와 업적

1. 서론

　이 글은 충북 충주지방 출신으로 1617년에 통신사 부사로 파견된 운계(雲溪) 박재(朴榟, 1564~1622)의 생애와 업적을 고찰한 것이다.[1]

　지형적으로 국토의 중앙에 위치한 충주(忠州)는 문경 새재에서 달천강, 탄금대로 이어지는 지역으로, 임진왜란의 격전지여서 피해가 아주 큰 곳이었다. 임진왜란 후에는 이백 년간 상호공존과 평화의 시대 통신사의 경유지로써 숙박과 접대를 담당하여 비용이 많이 들었다. 후기에는 없어졌지만 조정에서 명하여 네 곳에서 전별연(餞別宴)을 차려주게 하였던바, 충주(忠州), 안동(安東), 경주(慶州), 동래(東來)가 그곳인데, 이로 인해서 충주는 통신사 경유지로써 부담이 매우 컸다.[2] 따라서 충주는 임진왜란 전쟁의 역사를 상호공존(相互共存) 평화

---

　1) 충주 통신사 학술대회에서 발표된 논문인데, 박재 선생에 관한 '선생' 칭호와 존댓말은 단행본으로 편집하는 과정에서 모두 삭제하고 평서문으로 서술하여 수정 보완하였다.

　2) 원주시 발행 『조제곡 해사일기(趙濟谷 海槎日記)』 제1권 103쪽.

의 통신사 시대로 바꾸어간 도시이다.

　이 역사적 시기에 충주 출신의 통신사 부사로 참여한 운계(雲溪) 박재(朴梓)와 동명(東溟) 김세렴(金世濂, 1593~1646)은 비슷한 시기에 활동하였다. 고령박씨 무숙공파에서는 운계 박재를 널리 알리기 위해 문중에 전해오던 『회답사일기(回答使日記)』를 천안 독립기념관에 기증하였으며, 2014년 충주문화원의 도움을 받아 번역 발간하였다.

　그리고 한일 양국 공동으로 추진한 조선통신사 기록물의 유네스코 세계기록유산 등재를 계기로 박재의 일본 사행록인 『동사일기(東槎日記)』도 허경진 교수의 도움으로 번역 발간하였다.[3]

　박재에 대한 자료는 빈약하다. 행적에 관한 기록은 고령박씨 대동보에 수록된 묘비명(墓碑銘)과 행장(行狀)이 전부이기에, 현재 독립기념박물관에 소장되어 있는 『회답사일기』의 번역본과 서울대학교 규장각에 소장되어 있는 『동사일기』와 『송박재봉사일본서첩(送朴梓奉使日本序帖)』, 『조선왕조실록』, 오죽헌강릉시립박물관 소장 자료를 중심으로 이 글을 작성하였다.

2. 생애

1) 가문

　운계(雲溪) 박재(朴梓)는 고령박씨(高靈朴氏) 시조의 22세손이다.

　고령박씨의 시조는 박혁거세의 29세손이며 신라 58대 경명왕의 둘

---

　3) 박재 지음, 김성은 옮김, 『동사일기』, 보고사, 2017.

째 아들인 고양대군(高陽大君) 박언성(朴彦成)을 기세(起世)로 7세 부창정 박환(朴還)을 중시조(中始祖)로 하였다. 그 뒤에 고려조에 대대로 출사하여 현양하였고, 조선조에 이르러 15세 무숙공(武肅公) 박만(朴蔓)은 태조 이성계를 도와서 조선 건국에 기여하여 관직은 병조, 이조판서에 이르렀으며 도원수를 역임하였다. 이 분이 고령박씨 무숙공파의 파조(派祖)가 된다.

무숙공의 아들 16세 박진언(朴眞言)은 관직이 종묘서승(宗廟署丞)이고, 손자 17세 박인효(朴仁孝)는 관직이 광양현감으로 이조판서의 증직으로 받았다. 증손자 18세 박계간(朴季幹)은 관직이 대사헌이고 증직으로 예조판서인데 숙부이신 동부참봉 증 이조판서 17세 박의효(朴義孝)의 후사(後嗣)가 되었으니, 바로 운계공(雲溪公)의 고조부이다.

운계공의 증조부 박주(朴樹)는 관직이 진위현령(振威縣令)으로 증직이 우찬성이고, 조부는 박영석(朴永錫)이니 상서원판관(尙書院判官)으로 증직이 우찬성이며, 부친은 박대용(朴大容)이니 관직은 어모장군중추부경력(禦侮將軍 中樞府經歷)으로 증직이 영의정 영천부원군(靈川府院君)이다. 평양조씨 감찰 조경운(趙慶雲)의 따님과 결혼하여 1564년 5월 24일에 운계를 낳았으며, 운계의 형은 이조판서 건(楗), 동생은 경산현령을 한 미(楣)이다. 운계는 나주박씨(羅州朴氏) 유일(遺逸)의 따님과 결혼하였으며, 사헌부(司憲府) 감찰(監察) 문엽(文燁) 외 1남 3녀를 두었다.

2) 약력

통신사 부사(副使)로 일본을 다녀온 운계(雲溪) 박재(朴榟)는 조선중기의 문신으로, 1564년에 태어나 1622년에 59세로 별세하였다. 자(字)

는 자정(子挺), 호(號)는 운계(雲溪)로, 어모장군(御侮將軍) 중추부경력(中樞府經歷)의 영천부원군(靈川府院君) 증(贈) 영의정(領議政) 대용(大容)의 아들이며, 영평군(靈平君)으로 이조판서와 대사헌을 지낸 건(楗)의 아우이다.

운계의 이력(履歷)을 요약하면 다음과 같다.

1564년 명종 19년 충주 천포에서 태어남

1589년 선조 22년 25세에 진사합격

1602년 선조 35년 38세에 별시문과 을과 급제

1606년 선조 39년 감찰(監察)

1607년 선조 40년 공조좌랑

1609년 광해 1년 정언(正言), 사서(司書), 문학(文學)

1612년 광해 4년 지평(指平)

1613년 광해 5년 사서, 정언, 지평(指平), 장령(掌令)

1614년 광해 6년 집의(執義), 헌납(獻納), 필선(弼善), 교리(校理)

1615년 광해 7년 부응교(副應敎), 집의, 사간(司諫)

1616년 광해 8년 전한(典翰)

1617년 광해 9년 통신사(通信使) 부사(副使)

1618년 광해 10년 행호군(行護軍), 강릉부사(江陵府使)

1619년 광해 11년 인목대비 모자이궁(母子異宮) 반대로 해직 후
　　　　　천포(泉浦. 현 충주시 앙성면)으로 낙향

1622년 광해 14년 59세로 충주 천포에서 별세

1623년 인조반정후 자헌대부(資憲大夫) 이조판서와 지경연(知經延) 의금부(義禁府) 춘추관(春秋館) 홍문관(弘文館) 대제학(大提學) 예문관(禮文館) 대제학 세자 좌빈객(世子左賓客) 오위도총부(五衛都摠府) 도총관(都

摠管) 증직을 받았다.

3) 유년시절

탄생과 유년시절에 대한 자료는 문중에 전해 내려오는 것이 없다. 그러나 고령박씨 대동보 묘비명에는

> 공이 어릴 적부터 성품이 단정하고 굳세며 방정하고 강직하여 사람이 감히 그릇된 것으로 간구(干求)하지 못하였다.4)

라고 하였으며, 고령박씨 무숙공파 대동보 행장에는

> 공이 출생하면서 총명하고 단중(端重)하였으며 문학과 덕행이 울연(蔚然)히 사림의 긍식(矜式)5)이 되었다.
> 류서애 성룡(成龍)이 보고 가로대
> "이 사람이 세한송백(歲寒松柏)6)의 자품이 있다."
> 하고 깊이 더 경중(敬重)히 여기었다.7)

라고 하였으니, 총명하고 예의범절이 바른 생활을 하였다. 유년시절은 고령박씨 세거지인 충주 천포(泉浦)8)에 기거하면서 한성(漢城)을

---

4) 『고령박씨 무숙공파 대동보』, 박재(朴榟) 선생의 묘비명(墓碑銘), 274쪽.
5) 긍식(矜式) : 삼가 본보기로 삼음. 자랑스러운 표본.
6) 세한송백(歲寒松柏) : 추운 겨울에 우뚝 선 소나무와 잣나무의 기상.
7) 『고령박씨 무숙공파 대동보』, 박재(朴榟) 선생의 행장(行狀), 389쪽.
8) 천포(泉浦) : 현 충주시 앙성면 남한강변 일대.

오르내리며 학문에 전념했을 것으로 추측된다.

4) 청년시절

박재(朴榟)는 1589년에 진사에 합격하였으며, 1602년 39세에 별시 문과 을과로 급제하여 1617년 통신사로 일본을 다녀오기 전까지 선조 조에는 감찰과 공조좌랑을 역임하였다. 광해군조에 이르러서는 정언 (正言), 사서(司書), 문학(文學), 지평(持平), 사서(司書), 장령(掌令), 집의 (執義), 헌납(獻納), 필선(弼善), 교리(校理), 부응교(副應敎), 사간(司諫), 전한(典翰) 등으로 광해군의 명나라·청나라·일본 등과의 실리외교와 정책을 지근거리에서 모시면서 보좌하였다. 『조선왕조실록』에서는

> 사간원이 아뢰기를,
> "전라좌수사 이유직(李惟直)을 체차하소서. 헌납 오익(吳翊)은 문례 관(問禮官)9)으로서 평안도에 있으면서 올라오지 않고 있으며, 정언 박재(朴榟)는 현재 충청도 충주(忠州) 땅에 있으니, 모두 역말을 타고 올라오도록 하유하되, 전례에 의거해 원(院)의 서리(書吏)에게 말을 주어 내려 보내소서. …"
> 하니, 답하기를,
> "이유직에 대한 일은 이미 유시하였다. 윤허하지 않는다. 진하를 받는 일은 마음에 미안한 바가 있어서 감히 받지 못하겠다. 법궁이 이미 완성된 것은 진실로 말할 필요가 없는 것으로 이에 따르지 못하 겠다. 오익은 맡은 일이 이미 급하므로 스스로 속히 돌아올 것이니

---

9) 문례관(問禮官) : 중국 사신이 왔을 때 영접하고 여러 의식에 소요되는 예를 미리 자문하는 임무를 맡았던 임시관원.

하유할 필요가 없다. 박재에 대한 일은 아뢴 대로 하라." 하였다.[10]

라는 내용으로 보아 선생은 한성(漢城)에서 직을 수행하면서 수시로 충주 천포를 왕래하면서 집안일을 돌본 것으로 보인다.

5) 장년시절

1617년에 회답사겸쇄한사로 일본을 다녀오신 후 『광해군일기』(중초본)에는

> 회답사(回答使) 오윤겸(吳允謙), 부사 박재(朴榟), 종사관 이경직(李景稷) 등이 들어와 계사(繼嗣)를 올리니, 답하기를,
> "아뢴 말을 다 살펴보았다. 그대들이 나랏일을 위하여 바다를 건너고 산을 넘느라고 갖은 고생을 다하였으니 정말 가상한 일이다."[11]
> 하였다.

광해군이 회답사겸쇄환사(回答使兼刷還使)로 일본을 다녀온 일에 대해서 고생을 다하고 수고했다고 치하했으며,

> 전교하였다.
> "회답사 오윤겸(吳允謙), 부사 박재(朴榟)는 가자하고, 종사관 이경

---

10) 『조선왕조실록』 중 광해군일기(중초본) 16권, 광해 1년 1609년 5월 14일 갑오 7번째 기사.

11) 『조선왕조실록』 중 광해군일기(중초본) 121권, 광해 9년 1617년 11월 13일 갑술 1번째 기사.

직(李景稷) 이하 일행이었던 관원에게는 선조 때 상을 주었던 규례에 의거하여 시상할 것이니, 속히 실록(實錄)을 상고하여 계문(啓聞)하도록 하라."[12]

또한 회답사겸쇄환사(回答使兼刷還使)로 일본을 다녀온 회답사 오윤겸, 부사 박재에게 직책을 주고 종사관 이하는 상을 줄 것을 명했으며, 일이 마무리될 때까지 한성(漢城)에 머물 것을 명했다. 또한

한명욱(韓明勖)을 군기시정으로, 최호(崔濩)를 부수찬으로, 이강(李茳)을 수찬으로, 이모(李慕)를 사서로, 이홍엽(李弘燁)을 필선으로, 채겸길(蔡謙吉)을 문학으로, 김주하(金奏夏)를 봉교로, 이점(李蒇)을 대교로, 신계(申垍)를 검열로, 정준(鄭遵)을 겸문학으로, 한영(韓詠)을 겸필선으로, 이여검(李汝儉)을 동지돈령으로, 남궁경(南宮儆)을 사인으로, 강린(姜繗)을 교리로, 강홍립(姜弘立)을 진령군(晉寧君)으로, 김개(金闓)를 동지의금으로, 최명선(崔明善)을 설서로, 박재(朴榟)를 강릉부사(江陵府使)로, 한희(韓暿)를 겸사서로 삼았다. 성지(性智)를 첨지(僉知)에 제수하라고 전교하였다.[13]

회답겸쇄환사(回答使兼刷還使)로 일본을 다녀온 공으로 이듬해 4월 강릉부사로 임명되어 임지로 부임하였다. 강릉부사의 행적을 기록한 오죽헌강릉시립박물관 소장『강릉부선생안(江陵府先生案)』을 번역한 강릉문화원 발행『임영문화』에

---

12) 광해군일기(중초본) 122권, 광해 9년 1617년 12월 27일 무오 3번째 기사.
13) 광해군일기(중초본) 126권, 광해 10년 1618년 4월 13일 임인 9번째 기사.

　　무오년(1618)에 왔다가 기묘년(1619)에 보병에게 가포(價布)를 상납
치 못해 병조(兵曹)의 징계로 파직 되었다.

라고 기록되어 있는 것으로 보면, 백성들에게 군포(軍布)를 강제로
징수하지 못해 강릉에서 임기를 채우지 못하고 파직되었음을 알 수
있다.
　고령박씨 무숙공파 대동보에는

　　을묘년을 지나 병진년에 이르러 조정이 날로 어지러워져 소인들
이 모이어 정조(鄭造) 윤인(尹訒) 이위경(李偉卿)의 무리들이 모자이궁
(母子異宮)을 아뢰는 의론을 처음 발언하여 조정의 신하의 여론을 수
집하라는 명이 내리니 대개 감히 이론(異論)을 제기하지 못하거늘 공
이 분연(奮然)히 나가 말하기를
　　"처변지도(處變之道)가 막중(莫重) 막대하니 엎드려 원하옵건대 위
로 천심(天心)의 순응하고 아래로 인사(人事)를 살피어 처치하기를 합
당한 도리로 하여 방가(邦家)를 편안하게 하옵소서."
　하니 말씀이 명륜록(明倫錄)[14]에 실려 있다. 이에 유숙(柳潚), 신광업
(辛光業), 유여각(柳汝恪), 이잠(李埁) 등이 공이 대비를 음호(陰護)한다
고 하여 인해 연명해서 아뢰어 가로대
　　"아무개는 작은 일에는 간직(喝直)하고 큰 의론에는 모피(謀避)한다."
　하여 앞뒤로 징토(懲討)해서 관직을 탈면(脫免)시키고야 말았다. 또 일
찍이 주장하기를
　　"마땅히 대비에게 효를 다하고 대비와 더불어 일궁(一宮)에 같이

---

14) 명륜록(明倫錄 : 조선 인조 때 김천석(金天錫)이 광해군의 폐모살제사건(廢母殺弟
　　事件)을 중심으로 한 정치적 사건을 편년체로 편찬한 책. 6권 5책. 필사본.

거처하여야 된다."

고 소(疏)를 구성하여 이정원(李挺元)에게 보이었고 또 오여은(吳汝隱)
으로 하여금 정인홍(鄭仁弘)에게 말을 전달하여 인홍으로 하여금 탑
전(榻前)에 아뢰게 하였는데 여은이 따르지 않았었다.

인홍이 사람으로 인하여 이 말을 듣고 가로되

"대비로 하여금 안으로 무당의 저주가 없고 밖으로 역모(逆謀)에
응하지 않게 한다면 비록 이런 말이 있더라도 가(可)하다."

하였다 하며 또 말하기를

"아무개의 형 건(楗)이 바야흐로 헌묘(憲廟)의 장관이 되었는데 그
아우의 무롱(舞弄)한바 되어 상소에 가로되 그 위태한 것을 편하다
하고 그 망하는 것을 즐거워하니 천하가 망할 것이다."

하고 또 동해(東海)에 빠진다는 말로써 김효성(金孝誠)에게 부동(附同)
하였으며 또 이위경을 공박하여 조경기(趙慶起) 이안진(李安眞) 제적
(諸賊)을 위하여 원수를 갚았다고 하였으며 또 말하기를

"아무개가 형 건으로 하여금 성상소(城上所)15)에 나가게 하고 또
스스로 잠복하여 대궐에 이르러 언관(言官)을 저격하는 공론을 막았
으니 관직을 삭탈하시라."

고 청하였다.

공이 시론(時論)에 용납되지 않을 것을 알고 관직에서 물러나기를
심히 힘써 빌었다. 드디어 필선은 고향으로 돌아와 장차 모든 것을
마치려고 하였는데 간인(奸人)이 오히려 공을 씹어 말지 아니하였고
정사년 5월에 일본회답부사(日本回答副使)로 차견(差遣)되어 오추탄
(吳秋灘) 윤겸(允謙)과 이석문(李石門) 경직(景稷)으로 더불어 같이 바
다를 건너가게 되었으니 그 뜻은 죽을 땅에 두고자 한 것이었다. 한

---

15) 성상소(城上所) : 사헌부의 관리가 대궐문 위에서 백관을 시찰하던 곳.

때 진신명류(縉紳名流)가 다 시로 전송을 하여 혹 정포은 선생과 권참찬 주(柱)의 사신 행차에 비교하였다.

마른 땅과 젖은 땅에 동작이 민첩하였으며 하나같이 청렴결백한 것으로 스스로 가다듬어 관백(關白)이 주는 은화금병(銀貨金屛) 등 모든 완호지구(玩好之具)가 낙역부절하였으되 터럭끝 만큼이라도 범하지 않았고 돌아오는 길에 대마도에 이르러 도주(島主)에게 다 주고 돌아오는 주머니가 씻은 듯하니 비록 먼 곳의 풍속이 다른 왜인이라도 마음에 공경하는 생각을 갖지 아니하는 자가 없었다.

1618년 11월에 비로소 반명(返命)을 하니 시론이 더욱 격렬하여 공을 강릉부사로 내보냈다. 공이 임지에 이르러 관사를 처리하기를 가사를 처리하듯 하고 백성을 사랑하기를 자식 사랑하듯 하였다.

1619년에 해직하고 충주 천포리(泉浦里)로 돌아와 문을 닫고 세상 일을 사절하여 무릇 세간(世間) 일체 영욕을 족히 마음에 둠이 없었다. 1622년 임술년 9월 25일 공이 돌아가시어 청풍부 서운동(瑞雲洞)16)에 해방(亥方)을 등진 언덕에 장례를 모시었다.

1623년 계해년 3월에 이르러 인조반정이 일어난 지 얼마 아니 되었는데 공에게 천관상서(天官尙書)를 증직하여 정표를 하였으니 공이 능히 혼란한 조정에서 몸을 고결하게 가졌음을 위한 것이다.

이에 세상을 알지 못하는 자는 공이 탁세(濁世)에 처하면서 청요(淸要)한 관직을 역임하였다는 것으로 공을 비방하나 그러나 이것은 본시 공의 마음은 그러지 아니해서 소인과 더불어 추부(趨附)하지 않았고 소인과 더불어 서로 영합(迎合)하지 않았다. 이런고로 소인이 국명(國命)을 잡고 있을 때를 당하여 소원해도 족하지 못하여 모질(娼嫉)하였고 모질해도 부족하여 탄격(彈擊)해서 하루라도 조정에 편안이

---

16) 청풍부 서운동(瑞雲洞) : 현 충주시 동량면 서운리의 옛이름.

있게 아니하였으며 또 바다를 건너는 위험한 길로 쫓아 보냈고 또 령(嶺)을 지나 황벽한 시골로 내쫓아 보직을 하였으니 이것으로 공의 마음을 가히 알 것이다.

하물며 성조(聖朝)에서 표창하고 증이(贈貤)하심이 저렇듯 진지하시었은 즉 공의 명성과 절의가 이미 밝게 드러났으니 군자(君子)가 의론을 숭상하는 자 또한 마땅히 공의 마음을 알아 원서(原恕)를 하는 데 겨를이 없으리니 어찌 변론을 많이 하겠는가![17]

라고 하였다. 운계의 강직한 성격으로 세태에 영합하지 못해 임진왜란 이후로 일본과의 국교가 정상화를 위해서 바다를 건너는 위험한 일을 마다하지 아니했고, 일본을 다녀와서도 종2품으로 대관령을 넘어 황벽(荒僻)한 시골에서 부사로 생활하게 되었으나 1619년 이 또한 엉뚱한 이유로 파직되었다. 그 뒤에는 고향 충주 천포로 내려와 남한강을 벗 삼아 시(詩)와 술(酒)로 소일하다가 1622년 9월 25일 풍비(風痺) 병으로 사망하였다.

1623년 광해군이 폐위되고 인조가 즉위하면서 자헌대부 이조판서와 지경연(知經筵) 의금부(義禁府) 춘추관(春秋館) 홍문관(弘文館) 대제학(大提學), 예문관(禮文館) 대제학, 세자좌빈객(世子左賓客) 오위도총부(五衛都摠府) 도총관(都摠管) 증직을 받았다.

---

17) 『고령박씨 무숙공파 대동보』 275쪽 박재선생 묘지명.

3. 일반 업적

1) 직무 업적

(1) 선조실록 편수에 참여하다

『조선왕조실록』 가운데 『선조실록』 1권 부록 편수관 명단에 의하면 선생은 1609년 7월 12일에 기주관(記注官, 정·종5품)으로 편찬을 시작하여 1616년 11월에 편찬을 마쳤는데, 형제가 함께 참여하였다.

> * 동지사(同知事)
> - 수성 결의 분충 정운 분충 병의 형난 공신(輸誠結義奮忠定運奮忠秉義亨難功臣) 정헌대부(正憲大夫) 영원군(靈原君) 신 박건(朴楗)
>
> * 기주관(記注官)
> - 통훈대부(通訓大夫) 행 성균관 직강(行成均館直講) 신 박재(朴榟)

(2) 천민여성인 기녀의 인권을 말했던 혁신적 관료였다

『광해군일기』에 선생이 기생의 인권을 주장한 기록이 보인다.

> 장령 박재가 전 첨정 박유충의 죄상을 법에 따라 처리하기를 청하다.
> 장령(掌令) 박재(朴榟)가 와서 아뢰기를,
> "전 첨정(僉正) 박유충(朴由忠)이 임신한 기녀에게 곤장을 50대나 마구 쳐서 4일 안에 자식과 어미가 모두 죽었는데, 이는 온 나라 사람들이 다 알고 있는 바입니다. 그가 원정(元情)한 말에 '본원의 규례에 따라 간단하게 회초리를 쳤을 뿐이다.' 하였고, 또 '앉아 있던 청사가 회초리를 때린 장소와 조금 멀어서 말소리가 들리지 않은 데다

가, 기녀가 병이 있고 아이를 가진 사실을 하인이 고하지 않아 전혀 모른 채 관례에 따라 벌을 가하였다.'라고 하였습니다.

그러나 기녀가 대궐을 나온 것이 이미 온통 병이 중한 것으로 보였기 때문이고, 게다가 간통(簡通)을 올렸으니, 그가 이른바 임신한 것과 질병이 있는 것을 몰랐다는 것은 정상이 저절로 드러났습니다." 하고, 또 아뢰기를,

"임신하였을 경우 비록 최고의 죄를 지었다 하더라도 출산을 한 뒤에 형벌을 쓰게끔 국가의 법전에 명시되어 있습니다. 그런데 그것이 위법임을 알면서도 고의로 범하였으니 그 정상이 더욱 가증스럽습니다.

그리고 선기(選妓)는 장악원 전복과는 같지 않아, 옛 규정에 붉은 줄로 손을 묶어 처마의 서까래에 매달고 단풍나무 작은 가지로 때리도록 되어 있습니다. 그런데 박유충은 높은 곳에 매달아 놓고 세차게 쳐서 죽게 하고는 '옛 규정에 따라 태만함을 경계시켰다.' 하면서 장황하게 변명을 늘어놓으며 감히 함부로 기망하여 지척의 성상 앞에서 기탄하는 바가 없었습니다. 그가 비록 죄를 면하고 싶지만 애당초 복검(覆檢)에서 나타난 실질적인 원인을 어떻게 속일 수 있겠습니까.

대간이 논한 바는 혹 풍문에서 나온 것일 수 있으나 이와 같이 명백한 사실은 많은 사람들의 눈을 가리기 어렵습니다. 실로 엄중하게 다스리지 않으면 법이 행해지지 않을 것이니, 먼저 박유충이 성상을 기망한 죄를 다스려 법에 따라 죄주소서."
하니, 답하기를,

"금부로 하여금 살펴서 처치하게 하라." 하였다.18)

---

18) 『조선왕조실록』 중 광해군일기(중초본) 80권, 광해 6년 1614년 7월 26일 병자 7번째 기사.

사헌부(司憲府) 장령(掌令)으로써 천민 여성인 기녀의 죽음에 대하여 상소를 올려 이를 범한 전 첨정 박유충을 벌주었으니, 천민 여성의 인권까지도 중요시한 관료였다.

2) 교양 업적

(1) 인목대비 폐위에 반대를 하다가 해직되다

『조선왕조실록』 광해군일기(중초본)에는

흉소(凶疏)가 이미 의정부에 내려지자 영의정 기자헌이 먼저 상차하여 헌의하고 인하여 도당(都堂)에 모여 각각 수의(收議)하게 하였다. 오성부원군 이항복과 좌의정 정인홍의 의견 및 도당에 보낸 글은 이미 위에 나타나 있다. … 행 사직(司直) 박재는

"변고에 대처하는 도리는 더없이 중대합니다. 삼가 원 하건데 위로는 하늘의 뜻을 따르고 아래로 사람의 마음을 살펴 옳게 처리함으로써 종묘사직을 안정시키소서."[19]

라고 기록되었다. 폐비문제에 대해서 반대의 뜻을 어전에 아뢰었으니, 평소의 소신대로 의(義)과 예(禮)를 중시한 조선선비의 귀감(龜鑑)이었다.

고령박씨(高靈朴氏) 무숙공파(武肅公派) 대동보에 실린 박재(朴榟) 행장(行狀)에는

---

19) 광해군일기(중초본) 121권, 1617년 광해 9년 11월 25일 병술 10번째 기사.

이때 조정이 혼탁하여 정조(鄭造) 윤인(尹訒) 이위경(李偉卿) 등이 양궁(兩宮: 大殿과 慈殿)이 각처(各處)해야 된다는 의론을 발언하여 정신(廷臣)이 헌의를 하는데 뇌동 부합하지 않은 자가 없었으나 공이 홀로 이론(異論)을 세워 가로대

"처변(處變)하는 도리가 막중 막대하오니 엎드려 원하옵건대 위로 천심에 순응하옵고 아래로 인사를 살피시고 조치하심이 마땅한 도리이오니 얻어 방가(邦家)를 편안하게 하옵소서." 하였다.

수일 있다가 또 일소(一疏)를 올리었으니 그 개의(槪意)는 청하옵건대 "경운궁(慶運宮: 인목대비가 거처하는 궁)에 조알(朝謁)하여 효도를 다하고 같이 계시어 효사지측(孝思之惻)을 길이 전하시고 국가를 태산같이 편안한데 두소서."라고 하였다.

오여운(吳汝運)과 정인홍(鄭仁弘) 등의 거절한바 되어 상달함을 얻지 못하였다. 백관(百官)이 정청(廷請: 인목대비를 서궁으로 내보내라고 한 것) 청하던 날을 당하여 공이 친히 궐하(闕下)에 이르러 종예(從隸: 자기 소속 관아에 있는 노비)들로 하여금 언관(言官)을 배격하였다.

이에 유소(柳消) 신광업(辛光業) 유여격(柳汝格) 이잠(李岑) 등이 공이 대비(大妃)를 부호한다 하여 연명으로 논계하여 말하기를

"아무개는 작은 일에는 간직(奸直: 남의 비밀을 들추어 바른말 하는 것)하고 큰일에는 모피(謀避)하여 전일로부터 토역(討逆)하는데 있어서 매양 규면(窺勉)하였다."

하였고 또 말하기를

"아무개의 형 건(楗)이 지금 헌장(憲長)직을 받았는데 아무개의 무롱(舞弄)한바"되어 이에

"그 위태한 것을 편안히 여기고 그 망하는 것을 즐거이 여기니 천하가 망하리라는 등등의 말로 오로지 상(上)의 몸을 공박하였으며 또 동해에 빠져 죽는다는 말로 김효성 불신지설(金孝誠 不臣之說: 김효성

의 신하 노릇을 아니 한다는 말)에 스스로 부쳤으며 또 위경(偉卿)을 공박
해서 조경기(趙慶起) 이안진(李安眞) 등 모든 적신을 위하여 원수를 갚
았다."

하였으며 또 가로대

"아무개가 궐하에 잠복해 들어가 언관을 저격하고 공론을 배알(拜
謁)하였으니 삭탈 관직을 청하옵니다." 하였다.

공이 드디어 파직되어 고향 집으로 돌아와 문인재자(文人才子)와
더불어 날마다 시와 술(詩酒)로 즐거움(樂)을 삼고 척척(慼慼)하는 뜻
이 조금도 없었다.[20]

라고 기록되어 있다.

박재는 서궁유폐에 대해서 반대의 소신을 지켜 대북으로부터 많은
견제를 받다가, 위험을 무릅쓰고 일본까지 다녀왔고, 강릉부사의 임
기를 다 채우지도 못하였으며, 고향 충주 천포에서 문인 사들과 함께
말년을 지냈다.

4. 통신사 업적

1) 회답 겸 쇄환사

임진왜란 이후 새로 수립된 도쿠가와 막부 정권은 국내정치를 안정
시키기 위해서 명이나 조선의 보복을 걱정하지 않을 수 없었다. 특히
전쟁에 의해서 식량줄이 끊어진 쓰시마(對馬島)의 경우에는 조선과의

---

20) 『고령박씨 무숙공파 대동보』 391쪽 박재 행장.

무역 재개가 사활이 걸린 문제였다. 7년간의 전쟁으로 전 국토가 유린된 조선의 경우도 피로인 쇄환(被擄人刷還) 등 전후복구가 급선무였고, 북방인 만주에서 여진이 성장하는 것에 대비하지 않을 수 없었다.

민덕기 교수는 조선이 사명당을 파견하고 제1차 회답겸쇄환사[通信使]를 파견해 실질적으로 강화를 체결한 요인을 다음의 네 가지로 정리하였다.

> 첫째 : 일본을 대표하여 도쿠가와 이에야스가 강화를 요청하는 서한을 우선 보낼 것(先爲致書)과 임진왜란 때 조선 왕릉을 파헤친 일본군을 압송해 올 것(犯陵賊, 縛送)의 두 건(二件)의 요구가 충족되었기 때문이다.
>
> 둘째 : 대마도에의 배려이다.
>
> 셋째 : 도쿠가와 이에야스에 대한 호감에서였다.
>
> 넷째 : 여진족의 위협 증대 때문이다.

조선을 침략하여 임진란을 일으켰던 도요토미 히데요시가 1598년 9월에 죽자, 도쿠가와 이에야스 등 5 다이로는 조선에 있는 일본군을 즉시 철수시켰다. 임진란 준비과정에서 다이묘 도쿠가와 이에야스는 도요토미 히데요시에게 군대 파견을 중지하라고 진언하였으며, 군대 파견 명령을 받고 어쩔 수 없이 5,000명의 군사를 나고야까지 보냈지만 결국 조선에서 전투하지 않고 영지인 간도로 돌아갔다. 정유재란 때에도 군사를 한 명도 움직이지 않았다. 도구카와 이에야스는 임진란의 참전자가 아니어서 조선과의 강화협상에 명분이 있었다.

일본군은 군사뿐만 아니라 농민과 목공, 유학자, 도공들까지 포로로 데려갔는데, 모두 몇 명이나 되었는지 정확한 통계는 없다. 광해군

일기(중초본)에는

경상도의 겸사복(兼司僕) 정신도(鄭信道)가 상소하였다.

"신이 지난 신해년 봄에 포로로 잡혀간 전이생(全以生) 등의 편지를
얻어 보았는데, 그 가운데 국가에 있어 중대한 내용이 있었습니다.

신이 그에 대해 상세하게 말해보겠습니다. 전이생과 같은 처지의
사람들로서 사쓰마(薩摩州)에 잡혀 있는 자가 3만 7백여 명이나 되는
데, 별도로 한 구역에 모여 사는지 장차 24년이 되어갑니다. 이들은
배운 것이라고는 창이나 칼을 쓰는 법이며, 연습한 것이라고는 싸움
터에서 진을 치는 법뿐이어서 모두가 한 사람이 만 명을 당해낼 수
있습니다. 그런데 살아서 돌아가기가 이미 글렀으므로, 한갓 눈물만
흘리고 있으면서, 쇄환시켜 달라는 한 마디 말을 만 리 먼 길에 보내
왔습니다. 그러니 그들의 고향을 그리는 정성이 애처로운 뿐만 아니
라, 나라에 대한 충성심을 여기에서 볼 수가 있습니다.

더구나 지금은 바닷물을 내뿜는 큰 고래와 같은 자들이 안집되었
다고는 하지만 배를 타고 오가면서 행상(行商)한다고 핑계 대고는 몰
래 허실을 엿보면서 다시 꿈틀대려고 하고 있습니다. 그러니 동쪽
변방에 대한 걱정을 어찌 하루인들 잊어서야 되겠습니까.

그들은 국가의 이해(利害)에 대해 두루 알고 있으며, 또 진을 치는
법과 창칼 쓰는 법에 뛰어납니다. 만약 그들을 쇄환해서 돌아오게
하고 잘 어루만져 주면서 쓴다면, 국가에 보탬이 됨이 어찌 적겠습니
까. 삼가 바라건대 전하께서는 이번 회답사의 행차에 그들을 쇄환해
오라는 명을 함께 내려 보내소서. 그럴 경우 한 가족이 서로 상봉하
게 되어 어찌 마음속에서만 감격스러워하겠습니까. 국가에 충성을
바치고자 하는 것이 10년 동안 충성하라고 가르친 것보다 더할 것입
니다. 전이생 등의 편지 역시 봉하여 올리니, 그들의 사정은 그 안에

모두 들어있습니다. 감히 이상과 같이 아룁니다."21)

라고 기록하고 있다. 사쓰마주(薩摩州)에만 잡혀있는 포로가 3만 7백여 명이라는 내용으로 보아 임진왜란 당시 전체 피로인(被虜人)의 수는 얼마나 될까. 일부 연구자는 5만에서 20만을 말하고 있고 이들 중 일부는 스페인, 포르투갈, 네덜란드에 노예로 팔려 갔다고 한다.

피랍조선인이 노예로 팔려가는 상황을 당시 일본에 와 있던 스페인 신부 루이스 세쿠에이라(Luis Cerqueira)는 다음과 같이 기록했다.

> 나가사키에 인접한 곳의 많은 사람들이 노예를 사고 싶어 한다는 사실을 알고 있었다. 때문에 상인들은 그들에게 조선 사람을 팔기 위하여 일본의 여러 지역을 돌아다녔을 뿐만 아니라, 조선인이 잡혀있는 지역에서 그들을 구매하는 한편, 조선인을 포획하기 위해 직접 조선으로 갔다. 그리고 일본인들은 조선인을 포획하는 과정에서 많은 사람들을 잔인하게 죽였고 중국 배에서 이들을 포르투갈 상인들에게 팔았다. (1598년 9월 4일자 기록)

임진왜란 당시 피랍된 포로들의 상황은 다른 글에도 많이 나와 있으니 이 얼마나 참담한 이야기인가. 임진왜란 당시 전리품으로 가져간 전사자의 코 12만 6,000명을 묻은 귀 무덤22)은 일본의 교토 히가

---

21) 『조선왕조실록』 광해군일기[증초본] 114권 광해 9년 1617년 4월 19일 계축 1번째 기사.
22) 귀무덤(일본어 : 耳塚-미미즈카)은 일본 교토 시 히가시야마 구에 있는 무덤으로, 임진왜란 때 일본군이 전리품을 확인하기 위해 조선인들의 목 대신 베어갔던 코를 묻은 무덤.

시야구 도요토미 히데요시(豊臣秀吉) 신사 옆에 있다.

이상과 같은 임진, 정유왜란의 칠년간의 잔혹행위는 조선인에게 지울 수 없는 일본 인상을 남겼다. 말 그대로 하늘아래 같이 살 수 없는 불구대천(不倶戴天)의 원수로 각인 되었다. 국민감정과 명분상으로 볼 때 일본과의 강화란 있을 수 없는 일이었다.

그러나 현실적인 입장에서 볼 때 조선과 일본의 강화에 앞장섰던 건 쓰시마섬이었다. 조선 국왕에게 매년 하사받던 쌀과 콩이 들어오지 않게 되고 무역도 단절되었으니 당연한 일이었다. 쓰시마섬의 사신이 부산에 건너온 기록을 보면 가장 빠르게는 1599년 6월 전쟁이 끝난지 채 1년도 되지 않아서이다.

조선정부로서는 피로인 쇄환과 국가재건에 전력을 기울이지 않을 수 없었다. 이를 위해서 대외관계가 안정될 필요가 있었다. 당시의 국제정세를 보면 명나라는 전란의 후유증으로 인해서 쇠퇴해 가는 반면 만주에서는 여진족이 후금을 건설하여 명과 조선을 위협하고 있어 조선으로는 북쪽변경의 방위문제가 시급한 현안으로 대두되었다. 따라서 남쪽 변경의 안전 즉 일본과의 평화적 관계가 필요하였다.

일본의 사정도 마찬가지였다. 도쿠가와 이에야스(德川家康)는 1603년 막부를 개설하였지만 아직 서부지역의 다이묘(大名)들을 완전히 장악하지 못한 상태여서 통신사행의 내빙을 통해서 국내의 다이묘들에 대해서 정치적 우위를 확인하는 계기를 삼았다. 따라서 내치에 주력할 수밖에 없는 일본의 신정권으로서는 대외관계의 정상화가 필수적이었으며, 중국을 비롯한 동아시아 세계와도 연결하려고 하였다.

조선은 1607년부터 회답겸쇄환사를 세 차례 일본에 파견했다. 통유사(通諭使), 회유사(回諭使), 회답사(回答使) 등 여러 명칭 가운데 회답

겸쇄환사로 결정된 것은 회답이라는 명분뿐 아니라 쇄환이라는 현실
도 더 중요했기 때문이다.

1624년 도쿠카와 이에야스(德川家光)의 즉위를 축하하는 통신사를
보내 달라는 요청에도 회답겸쇄환사를 보냈으니 조선으로는 통신(通
信)보다는 쇄환(刷還)이 더 급했다. 포로 쇄환의 관련 자료는 1960년
슌포의 연구에서 자세히 소개 되었는데『해행총재(海行摠載)』소재 사
행록에 따르면 회답겸쇄환사로 떠난 사절은 1차 때 1,418명, 2차 때
321명, 3차 때에는 146명의 포로를 쇄환해서 돌아왔다고 한다.

전체 포로숫자에 비해 상당히 적은 인원만 고국으로 돌아온 이유
는 조선정부에서 포로의 송환 이후에 적절한 대책을 세워주지 않은데
다가, 전란에 죽은 자들의 의(義)를 강조하고 위계화하는 과정에서 살
아 돌아 온 피로인(被擄人)에 대해서는 차등적 시선을 보냈기 때문이
다. 자발적으로 고국으로 돌아온 자들은 오히려 의(義)를 잃은 것으로
규정되었고 적지에 잔류한 자손의 후손은 오히려 조선인으로써의 정
체성을 지니며 살아가는 아이러니한 상황이 전개되었던 것이다.

현재 전하고 있는 회답겸쇄환사의 사행록은 1607년 부사 경섬(慶
暹)의 『해동기(海東記)』, 군관 장희춘(張希春)의 『해동기(海東記)』, 1617
년 정사 오윤겸(吳允謙)의『동사상일록(東槎上日錄)』부사 박재(朴榟)의
『동사일기』, 종사관 이경직(李景稷)의 부상록(扶桑錄), 1624년 부사 강
홍중(姜弘重)의 동사록(東槎錄) 등 6종인데, 구지현 교수는 이 자료들을
분석하여 회답겸쇄환사의 인식변화를 세단계로 구분하였다.

1차(1607년) : 쇄환의 시작 - (조일)공조체제 속에 보이는 적극적인
쇄환노력

2차(1617년) : 잔류로의 갈림 - 계속되는 설득과 실망
3차(1624년) : 세대가 바뀐 피로인 - 피로인의 배반에 따른 의심과
불신

3차 회답사겸쇄환사 시기에는 제발로 찾아오는 피로인이 드물었다 벌써 한세대(30년)이 지나 상당수가 세상을 떠난 데다가 대부분 일본 생활에 적응했기 때문이다. 1차 때에 일본인이 놓아주지 않아서 돌아 오지 못했다면, 2차의 갈림길을 지나, 3차에서는 이미 설득이 통하지 않은 일본인이 되었다. 1636년과 1643년 극소수의 쇄환이 있기는 하 였으나 본격적인 포로의 쇄환은 1624년 막을 내렸다. 더 이상의 회답 겸 쇄환의 목적이 없어졌으므로 4차부터는 장군의 즉위를 축하하는 통신사 시대가 시작된다.

2차 회답사겸쇄환사의 부사였던 박재(朴梓)의 『동사일기』 서문에도

'만력 44년(1616) 모월 모일에 조정에서 일본의 관백(關伯)이 수적 (讐賊)을 탕멸해 준일로 인해 옛 우호를 다시 맺고자 하였다. 이에 대 마도로 하여금 서계(書契)를 가지고 와 묘당(廟堂)과 통교하게 하여 특별히 회답사(回答使)를 차임하여 보내고 임진왜란 때 포로가 되었 던 사람들을 쇄환(刷還)하는 일을 겸하게 하였다.'
라고 하였다. 관백 도쿠가와 이에야스가 조선의 수적(讐賊) 도요토미 히테요시에게 조선을 대신하여 원수를 갚았으니 화친하자는 뜻이다.
그렇지만 2차 통신사의 가장 큰 임무는 당연히 포로 쇄환이었다.[23]

---

23) 2015년 임진왜란 학술대회, 영천시 발행, 연세대학교 허경진교수 논문.

라고 기록하였다.

2) 국가 업적

(1) 일본과 국교(國交)를 정상화 시키다

『회답사일기(回答使日記)』 번역본에 이런 기록이 있다.

8월 26일 밝은 아침에 신들이 국서(國書)를 받들고 다이도쿠지(大德寺)에서 후지미조(伏見城)를 가는데 시라베코(調興)가 앞에서 인도를 하고 요시나리(義成)이 뒤에 따르는데 여관에서 후지미조(伏見城)까지 그간 거리가 30여 리인데 상가가 연해있고 성(城) 가까이 15리 지경에 군사들이 장창(長槍)이나 죽창(竹槍)을 가지고 나열해 있고 길 좌우에 잡인(雜人)을 금하고 있었다.

신들이 제삼문 밖에서 가마에 내리니 가마 내리는 곳에 곧 걷는 자리를 깔아 놓은 지라 신들이 정문(正門) 밖에 이르니 이타야 리우에노(板榼 上野)가 나와 맞이해서 인도해서 서편 소청(西偏 小廳)에 이르니 … 다이야쿠쇼쇼(大譯少將)가 말을 전하기를 "멀리 오시느라 수고했습니다."

신들이 대답하기를 "위문을 받으니 황공함을 이길 수 없습니다." … 시라베코(調興)가 국서(國書)를 받들고 인도해서 정청(正廳)에 이르니 정청에는 한 등급에 차로 높고 낮음이 있고 … 신등을 인도해서 동벽(東壁)에 좌정하고 앉으니 관백(關白)이 대역(大譯)으로 하여금 말을 전하기를 "바다를 건너오느라 수고하셨습니다. 희귀한 일을 보게 되었으니 감사함을 이길 수 없습니다." 하거늘 신들이 대답하기를 "200년 동안 교린(交隣)한 의리가 불행하게도 중간에 무너졌는데 지금 원수를 섬멸하고 옛날 호의(好意)를 다시 닦으니 실제 양국에 행복

입니다.”

찬(饌)을 베풀어 놓고 술을 마시는데 서너 차례 지나간 뒤에 신들이 말을 청하니 관백(關白)이 대답하기를 “사신(使臣)이 멀리서 오셨는데 위로할 말이 없습니다. 청컨대 특별히 술잔을 올리겠습니다.” 하고 또 두 차례 술을 마신 뒤에 관백이 말하기를 “걱정은 사신께서 피곤해서 오래 앉았지 못할 것 같으니 두 동생으로 하여금 뫼시고 식사를 하도록 할 터이니 원컨대 안심하고 편히 앉아계십시오.” 신들이 일어나서 사례하면서 절을 하고 끝이나니 관백이 곧 일어나서 나갔다.

두 동생의 맏이는 오아리슈 태수 쥬나건(尾張州 太守 中納言)이고, 다음은 카와슈 태수 쥬나건(晙河州 太守 中納言)인데, 밖에서 들어와 서벽(西壁) 아래 앉아 서로 대해 반(飯, 식사)을 올렸다. 관백(關白)이 또 다이야 쿠쇼쇼(大譯 少將)로 하여금 말을 전하기를 “걱정을 하는 것은 사신(使臣)께서 몹시 피로해서 오래 앉아있지 못할 것 같으니 원컨대 안심하라.” 하고 다시 주찬(酒饌)을 올리었다. 또 술은 다섯 차례 마셨다. …

청(廳) 서쪽에 긴 행랑(行廊)채가 두개가 있는데, 모든 장관(將官)이 여러 줄로 모여 앉아 있는데 무려 수백 명이었다. 신들이 성 밖으로 나가니 관백(關白)이 장관(將官) 2인을 보내어 호위를 하고, 또 미리 장관(壯觀) 2인을 다이부쓰지(大佛寺) 중로도에 보내어 신들을 조금 쉬도록 청하면서 떡(餅)을 대접하고 일행의 하인들도 아울러 주식(酒食)을 접대했다. 해가 질 무렵에 여관으로 돌아왔다.[24]

선생의 방문 시 일본의 요구사항은 1616년 도쿠가와 히데타다(德川秀忠)가 도요토미 히데요리(豊臣秀賴)를 제거하고 오사카(大阪)를 평정

---

24) 회답사일기(回答使日記) 번역본 221쪽 1617년 정사 8월 26일의 기록.

하여 일본 전국을 통일한 것을 축하하기 위한 것이고, 조선 측에서는 조선인 포로를 쇄환(刷還)하는 것을 주 임무로 하여 예궐배사(詣闕拜辭)한 1617년 5월 28일부터 11월 13일까지 6개월간 정사(正使) 오윤겸(吳允謙) 종사관(從事官) 이경직(李景稷) 등 428명이 참여하였다.

회답사 일기를 보면 양국이 사전에 조율한 국서(國書)를 관백(關白)에게 전달하고 연회를 하는 것으로 되어 있으며, 당시 일본에서는 조선에서 온 회답사 일행의 의전에 많은 노력을 한 것으로 기록되어 있다.

(2) 임진왜란 때 잡혀갔던 조선인 321명을 쇄환(刷還)하다

『회답사일기(回答使日記)』 번역본에는 이런 기록이 있다

> 신들의 일행이 본월(本月, 이달) 18일 인시(寅時, 새벽 3~5시)에 대마도 칸이우라(完伊浦)를 출발해서 술시(戌時, 밤 7~9시)에 무사히 부산(釜山)에 도착하니 타지바나 토모미사(橘智正跟)가 신들의 행차를 호송해서 일시에 왔으며 포로 남녀 321명을 쇄환(刷還)해서 왜선 세척에 나누어 싣고 거느리고 왔으나 겨울 추위를 만난 포로들이 모두 붉게 얼고 굶주려 걱정이 되옵니다. 모든 부서로 하여금 속히 고향(原籍: 원적)으로 돌려 보내어서 편안히 하옵도록 하기를 삼가 윤허를 기다립니다.25)

> 쇄환(刷還)하는 일은 예(例)를 따를 수 없음으로 재삼 간청을 하니 리우에노(上野) 등이 대답하기를

---

25) 회답사일기(回答使日記) 번역본 234쪽 1617년 정사 10월 18일 기록.

"돌아가기를 원치 않은 사람이 있고 ……

신들이 대답하기를 "오늘 신의(信義)로써 이웃나라와 교류하는데 이웃나라 백성을 의리상 오래 잡아둘 수 없는데 … " ……

접주(接主: 인솔자)에 의리도 또한 엄한명령(嚴令)을 해도 쇄환(刷還)을 아니하니 필담(文字: 문자)으로 송환하기를 원하고 누차 만류를 해서 반복해서 설명을 하니까, 리우에노(上野)가 얼굴빛을 변하면서 말하기를 "일본에 호수는 많기로 5·6백 천호인데 조선에 인구를 어찌 탐내리오."

대답하기를 "우리나라도 또한 어찌 사람이 적다고 해서 이같이 구차하게 말하는 것이리오. 단 우리나라 국민(赤子: 적자)이므로 차마 타국에 버리고 둘 수 없으므로 반드시 데려 가고자 함이라."

리우에노(上野)가 말하기를 "마땅히 가르침(下敎)에 의해서 실시 할 것이라." 하고 물러갔다."26)

함께 일본에 간 종사관 이경직이 쓴 『부상록(扶桑錄)』에는 이렇게 기록되었다.

이때 대마도 왜인들은 포로 반환을 그들의 경제적 미끼로 생각하고 사행을 찾아오는 포로들을 제지하였다. 뿐만 아니라 조선의 어려운 사정을 들어 귀환을 주저하게 하기도 하고, 돌아가면 죽이거나 아니면 노비로 삼는다고 거짓 선전을 하는 등 간교를 부려 어려움을 겪었다.

또 포로 자신들도 어려서 포로가 되어 온 사람은 언어와 거동이 불편하고, 이미 일본인과 결혼해 생활이 정착되었거나 일본인에 매

---

26) 회답사일기(回答使日記) 번역본 226쪽 1617년 정사 9월 5일 기록.

여 있는 등 대부분 돌아갈 수 없는 사정이 있었다. 그런 사람은 이
책에서 인적 사항과 그 사정을 자세히 기록하였다.

사행들은 포로들의 명단을 가지고 직접 나서서 찾기도 하고 일본
인 주인과 담판하는 등 그 수를 늘리기 위해 최선의 노력을 하였
다.[27]

『회답사일기(回答使日記)』에 의하면 그 동안 회답사의 실제 일본방문
목적인 임진왜란 당시 포로의 쇄환을 위해서 시라베코(調興), 리우에노
(上野) 등과 얼굴빛을 변하면서까지 협상한 결과 321명의 우리나라 동
포를 부산까지 무사히 데려와서 고향으로 보낸 것으로 되어 있다.

피로인 쇄환에 대마도주(對馬島主)는 비협조적이었는데, 그것은 쇄
환을 핑계로 경제적 이득을 얻기 위한 간계 때문이었다. 그리하여 통
신사 일행이 직접 명단을 들고 나서 찾기도 하고, 못 보내겠다는 주인
과 논쟁을 벌이기도 하였다. 피로인들도 일본에서 20년 이상 생활하
여 일본생활에 적응도 하고 일부는 결혼해서 자녀를 둔 상태이나 일
부는 빚에 몰려있는 사람, 태반은 노복 노릇을 하고 있었고 아예 조선
말을 할 줄 모르는 이도 있었다. 이때는 피로인들 자신이 조국으로의
귀향이 갈림길에 있었다.

이로 인해서 피로인을 설득하고 송환하는 일은 매우 어려웠다. 돌
아온 피로인들은 충성심 높은 선비나 일본에서 고생하는 사람들이었
다. 일본관리 및 피로인과의 접촉은 일본말이 가능한 역관 5명이 지
역별로 나눠서 만나고 설득하였으며, 이때 전라도 출신 포로들이 여

---

27) 네이버 『한국민족문화대백과』 종사관 이경직 『부상록(扶桑錄)』 해설 중.

러 명 쇄환사들과 함께 돌아왔다.

대표적인 사람들이 담양의 소쇄원(瀟灑園) 사람들이다. 제주양씨 양천경(1560~1591)의 아내 함풍이씨와 차남 몽린(夢麟)과 삼남 몽인(夢寅) 그리고 딸이 쇄환된 것이다. 양천경의 가족 4명은 1597년 정유재란 때 일본에 끌려갔는데 당시 아들 몽린은 15세, 몽인은 10세, 딸은 13세였다. 아들 몽린과 어머니, 딸은 오사카에 머물고 몽인은 이예주에서 지내다가 20년 만에 사신들과 함께 귀국하였다.[28]

3) 운영업적

(1) 일본방문 일기인 동사일기를 남기다

① 동사일기(東槎日記)

『동사일기』의 해제에서는 이렇게 설명하였다.

'1617년(光海君 9) 임진왜란 때 잡혀간 조선인들을 송환하기 위해 일본에 사행한 박재(朴梓, 1564~1622)가 쓴 사행일기(使行日記)이다.

59장 1책의 필사본이며 국내 유일본이다. 필체(筆體)로 보아 두 사람 이상이 필사한 것이 확실하므로, 후사본(後寫本)으로 추정된다.

박재는 자가 자정(子挺)이며 본관은 고령(高靈)이다. 1602년에 별시문과(別試文科)에 급제하여 공조좌랑, 강릉부사 등을 역임하였으며, 1616년 7월부터 충주(忠州)에 내려와 있다가 1617년에 부사(副使)로 뽑혀서 일본에 사행하였다. 서두에는 사신을 파견하게 된 경위와 사

---

28) 구지현의 논문 「일본에 남겨진 포로를 찾다」에서 인용함. 양천경은 소쇄원을 지은 양산보의 손자.

신 명단이 제시되어 있다. 1616년 도쿠가와 히데타다(德川秀忠)이 도요토미 히데요리(豊臣秀賴)를 제거하고 대판(大阪) 평정을 알리는 사신을 보냈고 이에 조정에서는 그에 대한 답사(答使)를 파견하면서 임란 때 잡혀간 조선인들의 송환교섭임무도 맡기게 되었다. 실제 이 사행의 결과 321여 명의 조선인들이 송환되었다. 당시 상사(上使)는 오윤겸(吳允謙, 1559~1635), 종사관(從事官)은 이경직(李景稷, 1557~1640)이었으며, 사신 명단에는 상사 이하 35인의 이름이 기록되어 있다.

오윤겸과 이경직도 각기 사행록(梎行錄)을 썼는데, ≪동사상일록(東梎上日錄)≫과 ≪부상록(扶桑錄)≫이 그것이다. 이 두 책은 모두 ≪해행총재(海行摠載)≫에 수록되어 있다. 일기는 사신일행이 예궐배사(詣闕拜辭)한 5월 28일부터 시작하여 복명(復命)하고 충주(忠州)에 돌아온 11월 16일까지의 사실들을 기록하고 있다. 날짜 아래에 날씨를 기록하고 사건을 기술하는 방식으로 되어 있는데, 차운(次韻) 또는 화답한 시들이 함께 수록되어 있는 것이 특징이라 할 만하다.

또한 형의 부음(訃音)을 듣고 슬퍼하는 등 자신의 신변에 관한 내용들도 보이는데, 이는 7월 4일부터 10월 18일까지의 일기인 상사(上使) 오윤겸(吳允謙)의 ≪동사상일록≫과는 대조적이다. 일기 내용을 보면, 임진왜란이 끝난 지 얼마 지나지 않은 때였기 때문에 사행(使行)은 위험한 것으로 인식되었던 듯하다. 이는 일본으로 떠나기 전에 달아나다가 잡힌 노복(奴僕)을 벌준 사건이 기록되어 있는 데서 그 예를 찾을 수 있다. 수록된 시 가운데 차운시(次韻詩)는 상사(上使)와 종사관(從事官)의 시에 차운한 것이 대부분이지만, 일본 승려나 자신의 외원조(外遠祖)인 정몽주(鄭夢周)의 시에 차운한 예도 일부 발견된다. 33운(韻)의 〈次從事足下過下瀨辭〉를 비롯해 총 100여 수가 일기에 수록되어 있다. 사신들이 쓴 시의 주요 내용은 사신의 임무를 완수하겠다는 다짐이나 자부심, 고향을 떠난 객추(客愁) 등으로 요약할 수 있다.

권말에는 별도의 제목 없이 견문록 17항목이 수록되어 있다. 이
가운데 앞의 13항목은 제목이 붙어 있고, 뒤의 4항목은 제목 없이 행
을 바꾸어 구분하고 있다.

국도산천(國都山川), 시정(市井), 성지(城池), 궁실(宮室), 풍속(風俗),
관복(冠服), 음식(飮食), 선물(饌物), 부역(賦役), 형벌(刑罰), 상장(喪葬),
혼인(婚姻), 절일(節日)이 13항목의 제목이며, 지방(地方), 관제(官制),
과일, 천황(天皇)이 뒤 4항목의 주요 내용이다. (황재문)'29)

이 일기는 현재 서울대학교 규장각에 소장하고 있으며 국내 유일
본이다. 필체(筆體)로 보아 두 사람 이상이 필사한 것이 확실하며, 후
사본(後寫本)으로 추정된다.

② 송박재봉사일본서첩(送朴榟奉使日本序帖)
『송박재봉사일본서첩』 해제에 이렇게 설명하였다.

유몽인(柳夢寅) 등이 1617년(光海君 9) 회답부사(回答副使)로 일본에
가는 박재(朴榟, 1564~1622)를 전송할 때에 준 시(詩)와 서(序)를 모아
엮은 책으로, 1첩(帖) 28절(折) 58면의 필사본이다. 편자(編者)는 미상
이다.

박재(朴榟)는 조선중기의 문신으로 자(字)는 자정(子挺), 본관은 고
령(高靈)이며, 대용(大容)의 아들이자 판서 건(榿)의 아우이다. 1617년
홍문관(弘文館) 전한(典翰)으로 재직하던 중 회답부사(回答副使)에 임
명되어 정사(正使) 오윤겸(吳允謙), 종사관(從事官) 이경직(李景稷)과 함

---

29) 규장각소장에 소장된 동사일기 황재문이 지은 첨부된 해설서.

께 일본에 가서 임진왜란 때의 피로인(被虜人) 321명을 인솔하여 왔
다. 본첩(本帖)에는 유몽인(柳夢寅) 등 29인의 시, 서(詩·序) 31편이 수
록되어 있는데 차례로 보면 다음과 같다.

柳夢寅의 〈送回答副使朴典翰之行〉, 南窓老翁 金玄成의 〈奉贈回
答副使朴典翰之行〉, 閔馨男의 〈贈別朴子挺庚兄回答副使之行〉, 저
자미상의 〈用王維送晁監韻奉別朴子挺以回答副使之日本〉(五言律詩),
〈敷文德車萬里通又奉一絶〉(七言絶句), 南川 權斗文의 七言律詩 2수,
迷湖道人의 〈贈別朴子挺奉使日本〉, 子定 金止南의 〈朴君候子挺奉
使日本十韻律〉, 癡峰의 〈送朴子楨年兄之日本國〉, 子敏 李安訥의
〈奉送朴典翰子挺奉使日東〉, 저자미상의 〈送回答副使赴日本〉, 慕亭
裵大維의 시 1수, 望月軒 琴愷의 〈送回答副使朴子挺赴日本〉, 저자
미상의 〈送朴子挺副使日本〉, 閔鳳陽의 〈奉贈朴副使年兄〉, 丁好寬
의 〈送回答副使之日本〉, 黃汝一의 시 1수, 伊峯 李淑(火+肅)의 〈贈別
朴學士日本之行〉, 趙纘韓의 〈贈別回答副使朴公赴日本序〉, 趙景觀
·漢泉·沈九의 詩序, 李用晋의 〈上回答副使朴典翰足下啓〉·〈奉贈
朴詞丈副价之行〉, 白蓮居士의 〈奉贈日本副使之行〉, 靜谷 宋克仁의
〈奉別朴子挺尊兄〉, 李景明의 〈奉贈朴典翰子挺日本之行〉, 저자미상
의 〈送朴典翰子挺甫奉使日本序〉, 〈奉贈朴典翰日本之行〉, 李慶全
의 〈奉送朴子挺先生以回答副使之日本〉, 隨窩의 〈敬奉回答副使朴
子挺行軒〉 등이 실려 있다.

대부분의 시서(詩序)와 송시(送詩)는 박재(朴榟)가 회답부사(回答副
使)로 일본에 가는 것을 전송하면서 사행(使行)의 어려움을 말하고,
사행에서 임무를 잘 처결할 것을 권면하는 내용으로 되어 있다.

특히 유몽인은 〈送回答副使朴典翰之行〉에서 예전에 신숙주(申叔
舟)·김성일(金誠一)·황진(黃愼)이 일본에 사행가서 겪었던 어려움, 일
본의 풍토와 현 정세에 대하여 말한 뒤, 그대는 정몽주(鄭夢周)와 권
주(權柱)의 외예(外裔)이니 일본에 가서 처신(處身)에 조심하고 임무를

완수해야 할 것이라 권하였다. 당시 문사들의 시문은 물론이고 일본
사행(日本使行)에 대한 인식을 이해하는 데 도움이 된다. (김남기)'30)

이 책은 1600년대 조선의 시(詩)와 서(序)의 연구에 도움이 되며 당
시의 인맥 연구와 전별문화를 이해하는데 도움이 된다. 이 책은 아직
번역되지 않았다.

『송박재봉사일본서첩(送朴榟奉使日本序帖)』에서 시 한 수를 번역하
여 싣는다.

> 聞道君令渡漢流
> 朝辭北闕幾回頭
> 一盃未擧孤丹上
> 自恨踈慷病未休
>
> 군령을 듣고 깨닫고 보니
> 흐르는 한강을 건넜고
> 하직 인사를 드리던 북쪽 대궐을 향해
> 몇 번이나 머리를 돌렸구나
> 한잔 술을 들지 못함은
> 외로운 배이기 때문이요
> 스스로 한탄하고 슬퍼함은
> 병이 다 낫지 않음이리라
>
> – 금성(錦城) 박찬(朴璨)31)

---

30) 규장각에 소장된『송봉사박재선생일본서첩』 김남기가 지은 해설서.
31)『송박재봉사일본서첩(送朴榟奉使日本序帖)』 원본 60쪽 기사 번역본.

(2) 각지, 각 번에서 문인들과 문화교류를 하다

일본 방문시 통신사 일행은 니시야마지(西山寺), 다이도쿠지(大德寺), 다이부쓰지(大佛寺), 세이켄지(淸見寺), 텐즈이지(天瑞寺) 등의 숙소에 머물면서 각지, 각 번의 유학자, 문인, 묵객, 스님들과 필담으로 대화를 나눴으며, 문화사절단으로써 한일 간의 문화의 교류를 활발하게 했다.

2016년 조선통신사 국제심포지엄 자료에서는

통신사 행렬의 장려함은 1636년 통신사를 직접 목격한 네덜란드 상관장 니콜라스의 기록을 보면

"먼저 무용과 피리, 북의 주악이 행해지고, 그 후에 벼를 타작할 때 쓰는 것과 같은 큰 막대기를 가진 몇 사람이 두 명씩 지나가고 그 양측에서 각각 금과 생사를 섞어 만든 망을 든 세 사람이 경호하고 있었다. 그 후에 약 30명의 젊은이가 말을 타고 뒤 따랐다. 그 뒤에는 5~60명이 붉은 우단을 친 가마를 메고 따라갔다. 그 안의 탁자 위에는 칠을 한 상자가 있었고 거기에는 조선 문자로 쓰여진 일본 황제에게 보내는 서한들이 들어 있었다 … 재차 여러 종류의 악기를 연주하는 악대가 뒤따라 왔다.

가마가 몇 대 지나가고 검은 비단옷을 입은 사절의 부관이 가마를 타고 지나갔다. 잠시 후 400명의 기사 … 약 15분이 지나자 200명의 호위병이 따르고 일본 귀족 일행이 가고 … 마지막으로 조선인의 화물과 선물을 운반하는 천 마리의 말 … 이들의 행렬이 전부 통과하는 데 약 5시간이 걸렸다. – 히라도 네덜란드 상관일기, 商館日記[32]

---

32) 2016년 2월 26일 조선통신사 국제심포지엄 자료 7쪽.

라고 소개하였으며, 영천과 조선통신사 통신사 행렬도를 통해서 본
자료에서는

> 최초의 행렬 그림으로 알려진 "낙중외도병풍(洛中外圖屛風)으로,
> 일본 하야시바라 미술관과 미국 버그콜렉션에 소장되어 있다. 우측
> 호코지(方廣寺)의 대불전(大佛展) 주변을 그린 그림에 이국 복장을 한
> 인물들을 발견할 수 있다. 기존 연구에서 이들을 1617년 방문한 조선
> 사절로 추정하였다. 당시 회답겸 쇄환사는 교토까지밖에 가지 않았
> 고 대불전은 향응을 받던 장소이기 때문에 이렇게 보는 것이 타당할
> 것이다."[33]

라고 설명하였다. 2016년 조선통신사 국제심포지엄 자료에서 1719년
통신사 수행원 신유한(申維翰)은 이렇게 기록하였다.

> 초사흘 임인, 식사 후, 유학자 10여 명이 대청에 모였다. 나는 세
> 서기와 함께 나가 서로 인사하고 앉았다. 좌중의 사람들 중에는 각각
> 장단률(長短律) 및 절구(絶句)를 베껴와서 나에게 주며 창화(唱和)를
> 요청했다. 즉시 모든 요청에 응하여 회답했다. 그가 부르면 나는 곧
> 회답하고, 혹 바꾸어 장편이 되기도 했으며, 책상 위에는 시문 화답
> 한 종이가 수북이 쌓였다. 김세만이 옆에서 앉아서 쉴 겨를 없이 부
> 지런히 먹을 갈았다. 하루 중 만나는 사람은 대체로 3,4편을 얻었지
> 만 혼자서 상대했고, 왼쪽에 응하고 오른쪽에 답하고, 요청하는 사람

---

33) 허경진 편 『영천과 조선통신사』 243쪽 「통신사 행렬도를 통해 본 한일 문화 교류」,
    구지현의 논문 인용함.

들의 기대를 만족시키기 위해 독창성 떠오르길 기다리거나 윤색할 여유도 없었다. 다음날에도 십수 명과 만나서 전날과 같이 창수했으며 한밤중이 돼서야 그쳤다. - 신유한 『해유록(海游錄)』

통신사의 행렬이 지나가는 데만 5시간이 걸렸다고 하는 내용으로 보아 얼마나 큰 행렬이었는가 짐작할 수 있으며, 문인들과의 필담창화도 대단한 규모였음을 알 수 있다. 필담창화가 한문을 할 수 있는 일본 지식인들의 몫이었다면, 행렬을 구경하는 것은 서민들의 몫이었다.

왜구(倭寇)는 신라시대부터 이따금 쳐들어 왔는데, 상황에 따라 침략과 화친(和親)을 반복하였다. 고려 말에 이르러 거의 해마다 왜구의 침략이 반복되자 포은(圃隱) 정몽주(鄭夢周) 선생을 1377년 9월 보빙사절(報聘使節)로 일본에 파견하여 두 나라의 평화적인 관계를 유지하도록 협상하고 포로 수백 명을 데리고 돌아왔다. 이때 일본 파견 시에 남긴 시 13수를 일본에서 보관하고 있다가 포은 정몽주선생의 시 3편을 내놓아서 『동사일기』에는 3편이 모두 기록되어 있으며, 일본의 문인들과 이시를 차운하여 시를 지었는데 이중 한편을 소개한다. 앞서 통신사로 일본을 방문했던 포은 정몽주 선생과는 외원조(外遠祖) 관계이고, 화산(花山) 권주(權柱) 선생은 선생의 부친 대용(大容)의 외조부(外祖父)이다.

次圃隱先生韻
禍福由來各自招　澗松休復善原苗
昆地火冷無多○　蓬海揚塵亦一朝

春過松扉風勢○　秋淡板屋雨聲驕
四時變易如雲化　今古虧盈見豈遙

재앙과 복이 머무르고 오는 것은
각각 스스로 그러한 결과가 오게 함이요
산골짜기에 소나무가 아름다워 지는 것은
다시 싹트기 좋은 언덕에 있음이라.
하늘과 땅이 덥고 추운 것은
날이 많이 없음이요
봉래산과 바닷물에 티끌이 날리는 것
또한 하루아침이더라.

봄을 지난 소나무 사립문은
바람의 세력이 급하고
늦가을 판잣집에 떨어져 흐르는 빗소리는
교만하기만 하구나.
사계절이 쉽게 변하는 것은
구름 변하는 것 같고
예나 지금이나 무너지고 차는 것을
어찌 멀다고만 보겠느냐.[34]

통신사는 일본과의 교린(交隣)을 실현하기 위해서 조선의 왕이 일
본의 실질적인 통치자인 막부(幕府)의 장군(將軍)에게 보낸 외교사절이

---

34) 『동사일기』 원본 42쪽 중 1377년 포은 정몽주가 일본 방문시 남긴 시 3수 중 1수를
　　번역한 내용.

다. 그런데 통신사는 단순히 외교사절의 성격만 지닌 것은 아니었다. 일본과의 문화교류를 염두에 두고 사신은 물론 제술관(製述官), 서기 (書記), 의원(醫員), 사자관(寫字官), 화원(畵員), 악대(樂隊), 마상재(馬上才) 등 문화적 재능과 기예(技藝)에서 당대에서 대표하는 인원으로 구성된 문화사절단이기도 했다.

2차로 박재와 함께 간 사람은 정사 오윤겸, 종사관 이경직, 역관 박대근, 최의길, 강우성, 정순방, 한덕남 5인이며 사자관은 송호남, 엄대인 2인, 화원은 유성업, 의원은 정종례, 문현남 2인을 포함 428 명으로 구성되었다.

이 가운데 역관 강우성은 피로인으로 쇄환된 인물이며, 임진왜란 당시 권율장군 휘하에서 17세의 나이로 홀로 선조가 있는 행재소까지 장계를 전달했던 정충신(鄭忠信)도 군관으로 참여하여 통신사 일행의 호위를 담당하였고, 임진왜란 때 상대 진영 전투에서 일본 장수였던 시계노부(安藤重信)를 통신사를 접대했던 접대사로 일본에서 다시 만났다.

(3) 회답사(回答使)에게 관백(關伯)이 준 은자 6천 냥을 부산 왜관에 있는 영건도감(營建都監)에서 쓰게 하다

『조선왕조실록』 광해군일기 증초본에 이렇게 기록하였다.

전교하기를, "회답사(回答使)에게 관백(關伯)이 주었던 은자(銀子) 6천여 냥을 현재 부산 왜관(倭館)에 놔두고 있다 한다. 이 은을 왜인이 도로 가지고 들어 갈리는 결코 없으니 혹 별인정(別人情)으로 쓰거나 영건(營建)하는 비용으로 써도 무방할 것이다. 급히 관원을 보내 가지고 오도록 해서 쓰고, 사신에게는 조정이 참작해서 상전(賞典)을 베푸는 것이 온당할 듯하니, 이 뜻을 해조에 이르라." 하였다.

【오윤겸(吳允謙) 박재(朴榟) 등이 일본에서 돌아올 때 왜인이 준 은을 관소(館所)에 놔두고 돌아오자 왜인이 그 은을 부산에 보낸 것인데, 왕이 영건도감에 명하여 그것을 가져다 쓰도록 하였다】[35]

『회답사일기』에는 이렇게 기록하였다.

신들이 이달 18일에 바다를 건너기로 하였으나 우리 일행에 말과 마부가 그 때 도착하지 아니해서 부산에 머물렀거니와 신들이 왜경(倭京)에 있을 때 관백(關白)이가 주는 물건을 능히 사양하지 못하고 부득이 받았으나 받은 뒤에 처리하기 곤란했는데 마침 쇄환(刷還)하는 사람이 배와 양식을 사는 일로 팔았었다.[36]

『영천과 조선통신사 – 한일 간에 벽을 허물다』에서는 이렇게 기록하였다.

오윤겸을 정사 박재를 부사로 한 제2회 통신사가 방일했던 1617년에도 쇼군, 고관 등으로부터 다량의 은을 답례품으로 받았다. 쇼군은 정사, 부사, 종사관 등의 3사에게 각각 은화 500매, 역관 2명에게 은화 200매, 수행원 31명에게 은화 500매 기타 인원 400명에게 동전 1,000관을 지급했다.

---

35)『조선왕조실록』 중 광해군일기(중초본) 129권, 광해 10년 1618년 6월 25일 임오 5번째 기사.
36) 회답사일기(回答使日記) 번역본 234쪽 1616년 정사 10월 20일 일기.

당시 삼사가 수령한 은화는 1,900매로 현재의 가격으로 환산하면 천500만 엔을 상회하는 금액으로 추산된다. 이와 같은 거액의 은화에 대해서 삼사는 당혹감을 감출 수 없었다. 전후의 피폐한 경제사정과 명나라 사신접대 등을 감안하면 예물로써 보내온 은화는 절실히 필요한 것이었다.

조선에 온 명나라 칙사들은 노골적으로 조선 측에 은을 요구하고 나섰다.

일례를 들면 1609년엔 6만 냥, 1621년엔 8만 냥의 은화를 명나라 사신에게 건네줘야 했다.

그러나 품위와 체면을 중시하는 조선의 사절로써는, 교화의 대상으로 보고 있는 일본으로부터 거액의 은화를 받을 대의명분이 없었다. 은화를 답례품으로 받아 귀국하면 조정의 탄핵을 면하기 어려웠을 것이다. 결국 3사는 고민 끝에 은화를 포함한 막부의 예물을 대마도 도주에게 그간의 수고비로 사용하도록 주었다. 대마도로서도 다른 사람도 아닌 쇼군의 예물을 받아 챙기는 것은 꺼림칙하여 은자 6천 냥을 부산왜관까지 가지고 와 받아줄 것을 간청하였다.

조정에서는 이 문제를 논의할 때 받아서는 안 된다는 의견도 있었으나 광해군이 명나라 칙사 접대나 소실된 궁궐 재건에 충당하도록 지시하면서 이 문제는 일단락되었다.[37]

『회답사일기(回答使日記)』에는 이렇게 기록하였다.

계(啓)를 올리지 아니한 다음날 신들이 비로소 들으니 동래부사

---

37) 허경진 편 『영천과 조선통신사』 225쪽 「통신사와 한일교역」 서현섭의 논문 중 일부분임.

황여일(黃汝一)이 처리 했다고 하니 더욱이 놀랄 일이라 이것은 교
사(狡詐)함에 불과하다. 왜인(倭人)들이 조정에서 반드시 받지 않을
것을 알고 품(稟, 아룀)을 거쳐서 가지고 돌아가고자 함은 다른 날
말을 막으려고 하는 것이니 그 시험하는 정이 실제 깊이 증오스러
운 것이다.

신들이 만약 계(啓)를 올리기 전에 들었다면 이것을 돌려보낼 것이
고 그 서계(書契)는 엄중히 사양하고 깨우쳐 보낼 것이었는데 역관(譯
官)들이 능히 사양하고 깨우치지 아니하는데 그쳤고 또 이것을 싣지
아니 하고 바다를 건너온 일을 신들에게 말을 하고 서계를 올리지
않고 또 살피지도 아니했으니 신들이 이렇게 수욕(羞辱)을 당했으니
이것은 모두 신들이 생각 없이 한 일이다.

신하로서 왜국 사신을 가는데 사양하고 받는 것이 사신 한 사람의
염치(廉恥)가 매인 것이 아니고 실제 조정 풍교(風敎)에 관계되는 것
인데 역관들이 능히 개유(開諭)를 잘하지 못한 죄를 조정에서 처리하
기를 갖추어 올리니 잘 살피십시오.[38]

박재는 일본인 관백(關伯)이 준 은화와 동전을 조선인 포로 쇄환하
는데 필요한 배와 양식을 사는 일에 일부 사용하고, 나머지는 대마도
도주에게 남기고 돌아왔다. 대마도주는 이를 부산까지 가져와서 동래
부사 황여일(黃汝一)에게 맡기자, 동래부사는 조정에 상신하여 광해군
이 명나라 칙사 접대나 소실된 궁궐 재건에 충당하도록 영건도감(營建
都監)에서 사용토록 했다. 박재는 나중에 이를 알고 조선의 선비로써
부끄러워했다.

---

38) 회답사일기(回答使日記) 번역본 235쪽 1616년 정사 10월 20일 일기.

5. 결론

조선정부는 임진왜란이 끝난 후 국가 재건에 전력을 기울일 수밖에 없었다. 이를 위해서는 대외관계의 안정이 무엇보다도 필요했다. 명나라는 전란의 후유증으로 쇠퇴해 가는 반면 만주에서는 여진족이 후금을 건설하여 명나라와 조선을 위협하고 있었다. 따라서 조선으로는 북쪽의 방위문제가 시급한 현안이 되었다. 따라서 임진왜란으로 불구대천의 원수가 된 일본 즉 남쪽의 안전이 무엇보다도 필요했다. 이에 광해군은 명나라와 후금과의 등거리 외교를 펼치면서 일본과의 관계개선에도 또한 나섰다.

이 시기에 박재는 임진왜란 후 선조 35년에 별시문과에 급제하신 후 사헌부 감찰, 공조좌랑 등을 역임하다가 광해군 1년부터 7년까지 사간원, 사헌부, 홍문관에서 왕을 지근거리에서 모시면서 광해군의 실리 외교정책을 보좌하였다.

박재의 주요 업적으로는 형 건(楗)과 함께 1609년 7월부터 1616년 11월까지『선조실록』편수에 참여하였으며, 사헌부 장령(掌令) 시절에는 임신한 기녀에게 곤장 50대를 쳐서 죽게 한 전 첨정(僉正) 박유충을 벌주었으니 천민 여성의 인권까지도 거론하여 혁신적인 관료로써의 모범을 보여 주었다.

『조선왕조실록』과 고령박씨 무숙공파 대동보에 따르면 인목대비 폐비에 대해서 해직을 당하면서까지 인륜에 어긋난다는 반대의 뜻을 소신대로 아뢰다가 불이익을 당하였다.

박재의 중요한 업적으로는 1617년에 2차 통신사 부사로 정사(正使) 오윤겸(吳允謙), 종사관(從事官) 이경직(李景稷) 등과 함께 428명의 인원을 이끌고 5월 28일 한성(漢城)을 출발하여 11월 13일 복명한 6개월 동안 생명의 위험을 무릅쓰고 일본을 방문하여 일인들과 협상하며 임진왜란 후 어려워진 국교를 정상화시키고 조선인 포로 321명을 고국으로 데리고 왔다.

일본 방문 시에는 일본 문인들과 교류하여 조선의 문화를 전수하는데 애를 썼으며, 일본사행(日本使行)의 내용을 『동사일기』와 『송박재봉사일본서첩(送朴榟奉使日本序帖)』으로 남겼으니 이는 당시의 조선과 일본문화를 이해하는 많은 도움이 되고 있다.

당시 일본인들이 조선통신사 사절에게 많은 은자를 주었는데, 박재의 일행은 피로인을 쇄환(刷還)하는데 필요한 경비로 일부만 사용하고 나머지 모두 대마도주에게 놓고 돌아왔다. 대마도주가 은자 6,000냥을 조선까지 싣고 와서 동래부사에게 맡기자, 조정에서는 이를 국가시설을 보수, 신축하는 영건도감(營建都監)에서 사용토록 했다.

이렇듯 박재의 일생은 의(義)과 예(禮)가 아닌 일에는 아니라고 하였지만 국가에 대한 충성심(忠誠心)만은 높게 가졌으니, 조선의 선비로써 모범이 되었다.

통신사를 통해서 이러한 역사적 경험을 공유할 때 한국과 일본 두 나라는 진정한 의미의 상호공존(相互共存)과 공생(共生)이 가능할 것이며 조선통신사의 역사야 말로 한일 양국 외교에 있어서 바람직한 모델이라고 생각한다.

현재까지 충주에서 문경새재, 탄금대를 중심으로 한 임진왜란 당시의 전쟁의 역사가 많이 연구되었고 유적도 보존하고 있지만, 통신사의 전별연과 숙소였던 충주읍성과 관아의 복원, 문경새재에서 한양으로 이어지는 통신사길 복원 등의 사업과 연구, 충주 출신의 조선통

신사 운계(雲溪) 박재(朴榟), 동명(東溟) 김세렴(金世濂)에 대한 연구도
함께 필요하다.

참고문헌

『東槎日記』(朴榟, 서울대규장각)
『扶桑錄』(李景稷, 한국고전종합DB)
『誠齋實記』(蔣希春, 국립중앙도서관)
『高靈朴氏世譜』(1910년 서문, 한국학중앙연구원)
『국역비변사등록』(국사편찬위원회)
『璿源錄』(장서각)
『醒翁集』(金德誠, 국립중앙도서관)
『續東文選』(한국고전번역원)
『送朴榟奉使日本序帖』(柳夢寅 외, 규장각한국학연구원)
『於于集』(柳夢寅, 한국고전번역원)
『愚谷日記·野言記略』(李惟侃, 국사편찬위원회)
『조선왕조실록』(광해군~인조)
디지털의성문화대전(한국학중앙연구원 향토문화전자대전 web-site)

강릉문화원, 『강릉부선생안(江陵府先生案)』 번역본, 2014.
구지현, 『癸未(1763) 通信使 使行文學 硏究』, 연세대 박사학위논문, 2006.
김동철·이훈상 편, 『東萊史料』, 여강출판사, 1989.
나카오 히로시 지음, 손승철 옮김, 『에도 일본의 성신외교 조선통신사』, 2014.
대한민국전국시도지사협의회, 『조선통신사 국제심포지엄 자료집』, 2016.
민족문화추진회, 『국역해행총재』, 민문고, 1986.
박재 지음·김성은 옮김, 『통신사 사행록 번역총서3: 동사일기』, 보고사, 2017.
손승철, 『조선통신사 일본과 통하다』, 동아시아, 2006.
오항녕, 『광해군(그 위험한 거울)』, 너머북스, 2012.
이민성 지음, 이영춘 외 옮김, 『1623년의 북경외교』, 대원사, 2014.
李元植, 『朝鮮通信使』, 민음사, 1991.

張東翼 편저,『聾啞堂 朴弘長의 生涯와 壬亂救國活動』, 경북대학교 퇴계연구소, 2002.

장서각 편,『조선의 공신』, 한국학중앙연구원, 2012.

趙從耘,『氏族源流』, 보경문화사, 1991.

충주문화원,『雲溪 朴榟 先生이 쓴 朝鮮通信使日記 -丁未·丁巳年 日本訪問記』, 충주문화원, 2014.

_____,『회답사일기(回答使日記)』번역본, 2014.

한림대학교 일본학연구소,『에도일본의 성신외교 조선통신사』, 도서출판, 2012.

한명기,『광해군(탁월한 외교정책을 펼친 군주)』, 역사비평사, 2000.

허경진,『영천과 조선통신사』, 보고사, 2014.

회상사,『고령박씨 무숙공파 대동보』, 2004.

『조제곡해사일기(趙濟谷海槎日記)』제1권, 원주사료총서 제25권, 2016.

강문식,「동사일기 해설서」, 서울대학교 규장각.

강지희,「조선시대 통신사들의 포은(圃隱) 정몽주(鄭夢周) 인식-『해행총재(海行摠載)』소재 관련기록을 중심으로」,『포은학연구』11, 포은학회, 2013.

구지현,「일본에 남겨진 포로를 찾다」,『대산문화』34, 2009.

_____,「임진왜란(壬辰倭亂) 피로인(被擄人)에 대한 회답겸쇄환사(回答兼刷還使)의 인식 변화」,『한국어문학연구』63, 한국어문학연구학회, 2014.

_____,「정몽주와 11대손 정찬술의 통신사 활동」, 영천시, 2014.

_____,「통신사 행열도를 통해 본 한일문화 교류」, 영천시, 2014.

金龍基,「임진왜란의 被擄人 刷還記錄 新資料『海東記』考」,『大丘史學』1, 1967.

김남기,「송박재봉사일본서첩 해설서」, 서울대학교 규장각.

민덕기,「경인통신사의 활동과 일본의 대응」,『1590년 통신사행과 귀국보고 재조명』, 경인문화사, 2013.

서현섭,「통신사와 한일교역, 고려인삼」, 영천시 2014.

손승철,「조선통신사 왜 일본에 갔을까 : 조선통신사」, 국제심포지엄, 2016.

吳洙彰,「桐溪 鄭蘊의 정치 활동과 그 이념」,『남명학연구』11, 경상대학교 남명학연구소, 2005.

李敏昊,「光海君朝의 對日關係考察」,『龍巖車文燮敎授花甲紀念論叢』, 신서원,

1989.

이상규, 「1617년 회답부사 朴梓의 『東槎日記』 고찰」, 『한일관계사연구』 55, 한일
　　　관계사학회, 2016.

_____, 「17세기 倭學譯官 연구」, 한국학중앙연구원 한국학대학원 박사논문,
　　　2010.

이 훈, 「광해군대 '회답겸쇄환사'의 파견(1617년)과 대일본외교」, 『한일관계사
　　　연구』 52, 한일관계사학회, 2015.

하우봉, 「새로 발견된 일본사행록들 -≪해행총재≫의 보충과 관련하여」, 『역사
　　　학보』 112, 역사학회, 1986.

하우봉, 「조선후기 통신사행의 역사적 의미」, 영천시, 2014.

한태문, 「통신사와 영천」, 영천시, 2014.

허경진, 「임진왜란과 조선통신사 : 임진란사학술대회」, 영천시, 2015.

황재문, 「동사일기 해설서」, 서울대학교 규장각.

仲尾宏, 「元和度信使と伏見聘禮」, 『朝鮮通信使と德川幕府』, 明石書店, 1997.

三宅英利, 「秀忠政權と回答兼刷還使」, 『近世日朝關係史の研究』, 文獻出版, 1986.

저자 소개

허경진

연세대학교 신학과 객원교수.
『해동제국기』와『해사일록』을 번역하고, 통신사 필담창화집 번역총서 40
권과 연구총서 10여 권을 기획 출판하였다.

손승철

강원대학교 명예교수. 한일관계사학회 회장, 국사편찬위원회 위원 역임.
『조선시대 한일관계사연구』,『근세 한일관계사』등의 저서와『한일관계사
료집성』32권을 출판하였다.

구지현

선문대학교 국문과 교수. 연세대학교 국문과를 졸업하고, 같은 대학에서
박사학위를 받았다.『통신사 필담창화집의 세계』,『계미통신사 사행문학
연구』등의 저서가 있다.

장진엽

고려대학교 한자한문연구소 연구교수. 연세대학교 강사.
저서『계미통신사 필담의 동아시아적 의미』와 역서『동도일사』,『동사만
록』이 있다.

이상규

한국학중앙연구원 박사, 장서각 전임연구원.
국사편찬위원회 사료연구위원.

박병천

고령박씨 대종회 회장, 고령박씨 장학회 이사장.
경인교육대학교 미술교육과 명예교수(교육학 박사, 서예가).

박성갑

고령박씨 무숙공파 천포종회 사무국장.
조선시대 통신사 현창회 부회장.

통신사연구총서 2

운계 박재의 『동사일기』 연구

2019년 4월 12일 초판 1쇄 펴냄

지은이 허경진 외
발행인 김흥국
발행처 보고사

책임편집 황효은
표지디자인 손정자

등록 1990년 12월 13일 제6-0429호
주소 경기도 파주시 회동길 337-15 보고사 2층
전화 031-955-9797(대표), 02-922-5120~1(편집),
　　　 02-922-2246(영업)
팩스 02-922-6990
메일 kanapub3@naver.com / bogosabooks@naver.com
http://www.bogosabooks.co.kr

ISBN 979-11-5516-892-9 94910
　　　 979-11-5516-880-6 (세트)
ⓒ 허경진 외, 2019

정가 18,000원